TECHNOLOGY × INNOVATION

テクノベート
MBA
基本キーワード 70

グロービス [著]
嶋田毅 [執筆]

PHP

はじめに

　本書は、テクノロジー（特にIT）がビジネスの在り方を変える時代に、それと関連する重要キーワード70個を、図版も交えてコンパクトに解説した1冊です。これからのビジネスシーンで活躍すべく、IT時代の経営について学ぼうとする若い方はもちろん、すでに活躍されている方にも手に取っていただきたい1冊です。

　ところで、本書のタイトルに用いられている**「テクノベート（Technovate）」**という言葉を初めて耳にされた方もいらっしゃるかもしれません。これは、**テクノロジー（Technology）とイノベーション（Innovation）を組み合わせたグロービス提唱の造語**です。主にITに代表されるテクノロジーによって進化、あるいは変化していく新しい経営の在り方と考えてください。

　グロービスでは、数年前から「これからはテクノベートの時代だ」と繰り返し語ってきました。併設するグロービス経営大学院でも「テクノベートMBA」というテーマを明確に打ち出し、「テクノベート・シンキング」「テクノベート・スト

ラテジー」「デザイン思考と体験価値」といったテクノベート領域の新科目を次々と導入してきました（グロービス経営大学院のカリキュラムマップは、**https://mba.globis.ac.jp/curriculum/curriculum_map.html** をご参照ください）。

　また、アカウンティングやファイナンスといった基本的な科目についても、昨今のテクノロジーの進化が及ぼす影響を簡単に紹介するようにしています。つまり、グロービスが長年提供してきたMBAの学びは引き続き有効ではあるものの、今の時代にはそこにテクノロジーの要素を盛り込まないと競争に勝ちにくく、価値を生み出すのは難しいということです。

　テクノロジーが経営に与える影響を図示しつつ、本書の構成を示したのが次ページの図1です。テクノベートにおいてまず理解すべきは、図1の下部に示した**「テクノロジー（特にIT）に関するリテラシー」**の3つの項目です。

　中でも、図1の左下にある「コンピュータ／インターネットの基本」とは、そもそもコンピュータはどのような原理で作動しているかといったことを指します。これからは、そうした原理を理解した上で、いかにコンピュータを効果的に用い、ビジネスで成果を上げるかを考える必要があります。

　グロービスでは、コンピュータを効果的に活用し問題解決

図1 経営とテクノロジーの全体イメージ

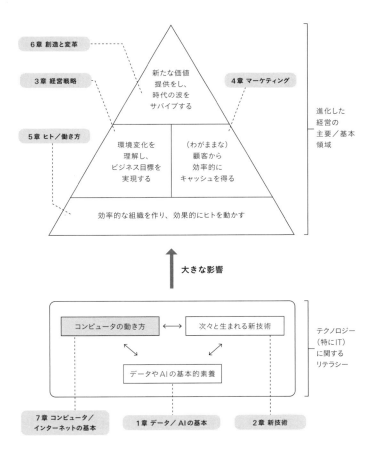

Introduction_ はじめに

につなげる思考を「**テクノベート・シンキング**」と呼んでいますが、そのスキルを伸ばすためには、やはりコンピュータの基本的な原理を知っておく必要があるのです。

それに加えて、「データ／AIの基本」（図1の中央下）、そしてそれらをベースに次々と生まれる「新技術」（図1の右下）についても知っておかないと、昨今のビジネスで先んじることはできません。

本来は、一番の基本である「コンピュータ／インターネットの基本」を冒頭に持ってきたいのですが、そこで解説しているアルゴリズムの項目などはやや専門的で、人によってはとっつきにくいと感じられる方もおられると考え、本書ではあえて最後の7章に配置しました。もちろん、最初にこれらを理解したいという方は、7章から読み始めていただいても結構です。

その一方で、図1の上部のピラミッド部分は、通常の経営学の領域になります（本来はアカウンティングやファイナンスといったお金関係の科目もあるのですが、本書では他の章にマージして割愛しています）。

ただし、その中身は既存の内容から大きく進化しています。たとえば、アップルやアマゾンが採用しているプラット

フォーム戦略は、IT時代ならではの勝ち方と言えます。いうなればこのピラミッド部分は、「進化した経営の主要／基本領域」を表したものと言えます。

そこで本書では、テクノロジーが大きな影響を与えている「経営戦略」「マーケティング」「ヒト／働き方」「創造と変革」の４分野について、重要なキーワードを紹介していきます。

本書で紹介するテクノベート領域については、アメリカ企業や中国企業の出足が鋭く、日本企業はやや置いていかれた感があります。企業の時価総額ランキングなどを見てもそれは顕著です。しかし、出遅れたということは、逆に伸び代も大きいと捉えることもできます。

ぜひ多くの方がテクノベートの世界観を理解し、その知識を用いて活躍していただけたら、執筆者としてそれに勝る幸いはありません。

グロービス出版局長
グロービス経営大学院教授

嶋田 毅

テクノベートMBA
基本キーワード70

Contents

はじめに ……………………………………………………………………… 003

Chapter
1

Data/AI

データ／AIの基本

Keyword 001＿ビッグデータ …………………………………… 016

Keyword 002＿行動データ …………………………………… 020

Keyword 003＿IoT …………………………………………… 024

Keyword 004＿ウェアラブル ………………………………… 028

Keyword 005＿AI／機械学習 ………………………………… 030

Keyword 006＿ディープラーニング ………………………… 034

Keyword 007＿データマイニング …………………………… 036

Keyword 008＿レコメンデーション ………………………… 040

Keyword 009＿パターン認識 ………………………………… 044

Keyword 010＿プロファイリング …………………………… 046

Keyword 011＿AIスコアリング ……………………………… 050

Keyword 012＿チャットボット ……………………………… 052

Chapter

New Technology

2 新技術

Keyword 013＿シンギュラリティ 056

Keyword 014＿ロボティクス／RPA 058

Keyword 015＿VR／AR／MR 062

Keyword 016＿画像認識 066

Keyword 017＿バイオインフォマティクス 068

Keyword 018＿ブロックチェーン 070

Keyword 019＿暗号通貨(仮想通貨) 074

Keyword 020＿ICO 078

Keyword 021＿キャッシュレス 080

Keyword 022＿セキュリティ 082

Keyword 023＿ドローン 084

Keyword 024＿3Dプリンター 086

Keyword 025＿フィンテック 090

Keyword 026＿インステック 094

Keyword 027＿量子コンピュータ 096

Keyword 028＿スマート工場／インダストリー4.0 098

Keyword 029＿スマートグリッド 102

Keyword 030＿自動運転 104

Keyword 031＿MaaS 106

Chapter
Strategy
3 経営戦略

Keyword 032＿ネットワークの経済性 110

Keyword 033＿限界費用ゼロ社会 114

Keyword 034＿プラットフォーム 118

Keyword 035＿優遇ユーザー／課金ユーザー 122

Keyword 036＿アマゾナイズ 124

Keyword 037＿エコシステム 126

Keyword 038＿レイヤー 130

Keyword 039＿ロングテール 134

Keyword 040＿イノベーションのジレンマ 136

Keyword 041＿ジョブ理論 140

Chapter
Marketing
4 マーケティング

Keyword 042＿データ・ドリブン・マーケティング 144

Keyword 043＿顧客経験価値 146

Keyword 044＿タッチポイント 148

Keyword 045＿カスタマージャーニー 150

Keyword 046＿UI／UX 154

Keyword 047＿SFA 158

Keyword 048＿ラストワンマイル 160

Keyword 049＿グロースハック 162

Keyword 050＿検索エンジン／SEO 166

Chapter

5

HR/Work Style

ヒト／働き方

Keyword 051＿人間に残される仕事 172

Keyword 052＿オンデマンド調達 176

Keyword 053＿ティール組織 178

Keyword 054＿HRテック 182

Keyword 055＿スマート化 186

Keyword 056＿ベーシックインカム 188

Chapter

Creation and Innovation

6 創造と変革

Keyword 057＿オープン・イノベーション 192

Keyword 058＿リーン・スタートアップ 196

Keyword 059＿ハッカソン 200

Keyword 060＿クラウドファンディング 202

Keyword 061＿フリー 204

Keyword 062＿シェアリングエコノミー 208

Keyword 063＿サブスクリプション 212

Chapter

Computer/Internet

7 コンピュータ／
インターネットの基本

Keyword 064＿アルゴリズム 216

Keyword 065＿プログラミング 220

Keyword 066＿テクノベート・シンキング 222

Keyword 067＿分散処理 224

Keyword 068 __ アジャイル 226

Keyword 069 __ 5G 230

Keyword 070 __ P2P 232

参考文献 234

ブックデザイン――峰村沙那(dig)

Chapter 1

Data/AI

データ／AI の基本

本章では、ビッグデータやデータサイエンスといったデータに関するキーワード、そして昨今のITの進化をけん引しているAI（人工知能）に関するキーワードを中心にご紹介します。

Keyword _ 001

ビッグデータ

大量の全数データから
新たな現実が見えてくる

What is it?
ビッグデータとは？

文字通り巨大なデータ。下記に示す、ガートナー社が定義した
「3V」の定義が有名である。
- ▶ ボリューム：データ量が巨大
- ▶ ベロシティ：データの速度が高速。更新も頻繁
- ▶ バラエティ：データの種類に多様性がある（従来の定量データ
  に加えて、ネット上のテキストデータ、画像、動画、
  音声など）

⬇ 解説

　ビッグデータが注目されるようになった背景には、AI（人
工知能）の進化により機械の処理速度が飛躍的に上がったこ
と、IoT（24ページ参照）が発達し、さまざまなデータを活用
して価値向上やコストダウンを図ろうという機運が増したこ
と、センサーが高精度、廉価になることにより、センサーか
ら取得されるリアルタイムのデータ量が飛躍的に増えたこと

図2 ビッグデータ

	ビッグデータ	従来のデータ
Volume	格段に大量のデータ 全数データ 保存場所の制約を（ほぼ） 受けない	活用者の保存能力の制約あり 何らかの形で サンプリングされた結果
Velocity	リアルタイムで 更新されるものも含む 格段に速いペースで 新たに生成される	設計された タイミングで集計、 更新される
Variety	テキスト、画像、動画、 音声などデータの種類が さまざま	数値やデジタル（0/1）の データが主

などがあります。

　ビッグデータを語る上での重要なポイントは、これが抜き取りデータではなく、全数データであるという点です。これまでは、全数データを取るには莫大なコストがかかったため、サンプルを抽出してそれを分析してきました。

　テレビの視聴率調査がその典型です。すべてのテレビに調査機器をつけるわけにはいかないので、一部のサンプルを抽出して、それを分析する手法を取ってきました。そのため、常に統計的な信頼度の検証が必要だったのです。たとえば視聴率15％といった場合、実際には13.5％から16.5％である可能性が信頼度○○％で言える、といった具合です。

ビッグデータが「ありのままの現実」を暴く

一方、ビッグデータは全数データです。ある意味では「ありのままの行動データ」であり、現実の世界を完全に数値化、データ化する試みとも言えます。ゆえにビッグデータのおかげで、より現実に近い形で顧客の動向などを理解し、それをビジネスに活かせるようになってきたという点が大切です。

これは、**データ量が分析の質を向上させることを意味します**。たとえばグーグルで検索された検索語やツイッター上で多数用いられている言葉を分析すれば、リアルタイムである国でどのようなことが話題になったり、どのようなブームが起きているのかといったことが、すぐに分かります。

あるいは、これまではポイントカードの利用状況などから仮説を立てざるを得なかった顧客の購買行動も、スマートフォンと連動したGPS機能をうまく使えば、実際に顧客が歩いた動線や滞留時間を測定することなどもできるようになり、より効果的なマーケティング施策につなげられるでしょう。このように、ビッグデータによって今までブラックボックスとなっていた部分が、明らかにされているのです。

ただし2019年現在は、ビッグデータを計算する能力の不足という問題も存在しています。これはおいおい解消されるという見込みもありますが、計算能力の向上が、データ量の増加に追い付かないのではないかという見方もあります。

「セキュリティ問題」はビッグデータ時代に避けられない

　また、情報がたくさん取れたのはいいものの、**それだけセキュリティ（情報保護）の負荷が増すという問題**もあります。仮に顧客のビッグデータが流出すれば、それは企業にとって大きな経営リスクとなる可能性があります。たとえば、もし保険会社が顧客の同意のもとに集めた遺伝子情報を外部に流出させてしまったら、それがもたらすダメージは極めて大きなものになるでしょう。

　さらに、企業間のデータの共有をどうするかという問題もあります。理論的には共有できるデータが増えるほど、そこから新しい価値が生まれる可能性は高まります。たとえば、夕食で何かをデリバリーしてもらう際に、家族個々人の健康状態や嗜好、最近食べた食事の情報、さらには各店の繁忙状況や評判などがすべて共有されれば、より良い提案を受けられる可能性は増します。

　しかし、現実に組織をまたぐ際には、個別企業の思惑や、上記のセキュリティの問題などもあって、ことは簡単には進みません。個人としても、ある企業に取ることを許容した情報が、別の企業で勝手に共有されている、といった事態は好まないでしょう。

　ビッグデータは良い面ばかりが喧伝される傾向がありますが、こうした問題点についてもしっかり認識しておく必要があるのです。

Keyword _ 002

行動データ

行動データは
ウソをつかない

> **What is it ?**
> ## 行動データとは？
>
> 移動、購買、グーグル検索など、ある人が実際に行った行動を
> 反映した数値データのこと。オンライン上の行動（サイト訪問、
> 閲覧時間など）とオフラインでの行動（現金利用率など）に分け
> て扱うことも多い。

⊕ 解説

　これまでは、一般にデータを扱う際には、性別、年齢、住
所などの「属性データ」や、アンケートやヒアリングなどで収
集される「意識に関するデータ」といったものを使っていまし
た。

　しかし、**これらのデータは、往々にしてあてにならないこ
とが多くありました。**特に、意識に関するデータは、その人
の実際の意識や行動を正確には反映していない、ということ

図3 行動データ

も多かったのです。

属性データの信頼度は、そのデータのソースに大きく左右されます。たとえば日本においては、運転免許証やパスポート、住民票に記載された生年月日や国籍、（生物学的な）性別はほぼ100%信頼できるでしょう。

しかしこれが履歴書の情報となると、少し怪しくなってきます。人によっては学歴を詐称することがあるかもしれませんし、職歴も多少ごまかす人はいるでしょう。病院で書く問診票の既往歴情報なども必ずしも正確とは限りません。将来的にはこれらもデータベース化される可能性はありますが、2019年時点では、ある程度のコストをかけないと、属性データを100%信頼することはできないと言えます。

アンケートやヒアリングなどで収集される「意識に関する

データ」は、その信頼度により疑問符がつきます。たとえば、「1週間で、どのくらいスマホを利用しますか？」という質問をされた時、多くの人間はその場で記憶を頼りに質問に答えようとします。しかし、人間は物事を忘れやすく、記憶はさまざまな要素によって影響を受けてしまいます。よって、ここで正確なデータを得られることはまずありません。

また、アンケートやヒアリングに答える際には、見栄や忖度などのバイアスが入るという点も見逃せません。たとえば「1日に何分くらいニュースを見たり読んだりしますか？」と対面で大人に質問した場合、「全く見ない」「5分」などと答えるのは恥ずかしいので、「20分」「30分」といったように多めに答えてしまうことが多いのです。

あるいは、会社が招いた社外の経営者などの講話を聞いた後のアンケートで感想を求められた時、実際には5点満点の3点くらいだと思っていても、関係者に忖度して5点と書いてしまう人も多いでしょう。

行動データは「ウソをつかない」データ

それに対して**行動データは、測定さえできればウソをつかないデータです。**たとえばウェブページでの滞留時間や購入金額などはごまかしようがありません（もっとも現時点では、スマホやパソコンの向こう側にいる人物が、本人か否かを確認するのは必ずしも容易ではありませんが）。

顧客満足度なども、アンケートで高い点数をつけたとしても、その後に「リピート購入」や「購入金額のアップ」といっ

た行動につながっていなかったら、実はそれほど満足していなかったのでは、と考えることができます。

　ただ、行動データは回数や時間などは比較的容易に測定できるものの、その行動の「質」までは測定しきれないという問題もあります。たとえば消費者の歩いた動線データが正確に計測できたとしても、実際に商品を見比べているのか、ただぼんやりと歩いているのかといった判断はつきにくい、ということです。

　また、ウェブ上の行動データは正確とされていますが、あるサイトに長くとどまっていた理由が、たまたまそのサイトを見ている時に別の用事ができてしまい、そのページを開きっぱなしにしてしまった、という可能性も考えられます。

　こういった行動の質をどのように正確に補捉していくかは、今後の課題と言えそうです。たとえば、複数のセンサーを駆使することで、この問題はクリアできると考える専門家もおり、現在研究が進んでいるところです。

Keyword _ 003

IoT

あらゆるモノが
相互につながる

What is it ?

IoTとは?

モノのインターネット（Internet of Things）のこと。パソコンや
スマートフォンといった通信機器だけでなく、ありとあらゆるモノに
センサーが付き、そこから取れる情報（ビッグデータ）を活かして
さまざまなサービスにつなげることを目的とする。

⬇ 解説

　数年前までは、インターネットあるいはクラウドは、パソ
コンやタブレット、スマートフォン、カーナビといった特定
の情報機器とつながっているだけでした。一方のIoTは、そ
れがテレビや家電、さらには衣類といった、あらゆる「モノ」
とつながっている状態をイメージしています（図4参照）。

　この言葉が頻繁に使われだしたのは2014年頃からですが、
Internet of Things という言葉自体は古く、1999年にケビン・

図4 IoT

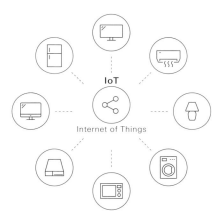

アシュトンによって提唱されています。また、かつて「ユビキタス」という言葉が流行ったことがありますが、それと近い概念でもあります。ユビキタスは遍在という意味であり、一人の人間がさまざまな形態の無数のコンピュータを利用しているという世界観を示していたからです。

IoTは情報収集の可能性を広げる

IoTの目的には、大きく分けて「情報収集」と「制御」の2つがあります。もともとアシュトンがInternet of Thingsという用語を用いた際、その意図する内容は、センサーをあらゆる場所に置くことで、リアルの世界とネットの世界とを結びつけることでした。

情報収集は、たとえば家電等にさまざまなセンサーを埋め

込むことで、1人暮らしのお年寄りの挙動を把握する、といったものが典型的な例です。かつては技術的制約、金銭的制約から、その対象者の行動は限定的にしか分かりませんでした。しかし、IoTが進めば、たとえばトイレで自動的に尿の検査などを行うことで、単なる行動だけにとどまらず、健康状態なども把握することができるようになるかもしれません。

IoTによる情報収集がいち早く進んでいるのは企業内の活動です。たとえば工場におけるモノの動きの把握や、物流におけるモノの位置や状態の追跡（トレース）などは、IoTが力を発揮しやすい領域です。

オフィスのトイレの個室に誰かが長時間いる場合に、事故や犯罪の可能性を疑い、見回りに行くといったものもIoTの古典的活用と言えます。

製品レベルでは、コマツがIoTの先駆者として有名です。同社では建設機械1台1台の稼働状況や、その消耗状況を独自に開発したシステムで緻密に把握し、マーケティングや製品改良に活かしてきました。また、部品の摩耗度などをリアルタイムで把握することで、メンテナンスサービスの充実を図ったり、建設機械が故障して動かなくなる前に警告のサインを送るなどの活用も行ってきました。

IoTによる制御で、モノの利便性も向上する

制御の例としては、空調のオンオフや温度の設定などが典型です。たとえば居住者の位置情報などと連関させて、自宅の500メートル以内に近づいたら自動的に空調が稼働する

ように設定する、といったことも技術的には可能です。

　オフィスにおける活用例では、中に人間が一定時間以上いないことが確認できたら自動的に電気を消す、会議室が予約されているにもかかわらず一定時間人がいない場合に、そのスケジュールを取り消す、といったことも可能になっています。

　こうした制御は、ビッグデータの解析などと組み合わせることにより、同じデバイスであっても、個々に異なる働きかけを行うことも可能です。たとえば、同じウェアラブル（28ページ参照）を装着していても、行動パターンの差異に応じて異なる対応がなされるようにするといったものです。

　モノのインターネットがどのように進化するかは一概に言えませんが、センサー技術、演算技術、通信技術などの発達と低コスト化によって、生活や産業の在り方を大きく「スマートな（洗練された）」方向に変えることが期待されています。

Keyword _ 004

ウェアラブル

肌身からのデータは
宝の山だ

What is it ?
ウェアラブルとは？

IoTの「モノ」のうち、特に人が着用可能なもののこと。英語の
wearableをそのままカタカナで表している。ウェアラブルデバイ
スやウェアラブル端末と呼ぶこともある。

⊘ 解説

2019年現在、ウェアラブルの代表は、腕時計（特にアップ
ルウォッチ）です。機種にもよりますが、位置情報を提供す
るだけではなく、心拍数、ジョギングの歩数、消費カロリー、
睡眠時間などを検出することができます。

さらに機能が上がれば、たとえば糖尿病の人に対して、ウェ
アラブルデバイスで血糖値を測定して、血糖値が低くなるタ
イミングで糖分補給を促す、などの活用法が考えられます。
より医療サイドとの連携が深まれば、たとえば心拍数が異

常な兆候を示した際に、近隣の消防署や救急病院に自動的に連絡がいく、といったことも可能になります。

また、マーケティングに利用することも考えられます。たとえば、利用者が眠くなったサインが現れた時、近所のコーヒー店から電子クーポンが送られてくる、あるいは体温が異常値を示した時に、近所のドラッグストアから風邪薬の電子クーポンが送られてくる、などの応用が考えられます（実際には、さまざまな規制をクリアする必要がありますが）。

今後、広がりを見せるウェアラブルの数々

最近、ウェアラブルで注目されているのはメガネです。すでに複数のメーカーから「**スマートグラス**」が発表されています。スマートグラスの利用の一例としては、土地勘がない場所に初めて行く時に、道案内がメガネのレンズに表示される、あるいは絵画や彫刻を鑑賞している際にその解説が出るといったものが考えられます。もちろん、企業がそこに広告を送り、見てもらうことも可能となるでしょう。

その他には靴（あるいは靴に装着できるウェアラブル）の利用も検討されています。歩き方の癖をビッグデータとして活用することができれば、「その歩き方は疲れやすい」「骨や関節に悪影響を及ぼしやすい」といった情報を送ることが可能になり、より疲れない靴や歩き方を推奨することができます。

ウェアラブルを用いたIoTは「IoB」(Internet of Bodies)と呼ばれるなど、強い注目を集めています。今後は衣類など、その応用範囲は広がっていくと見込まれています。

Keyword _ 005

AI／機械学習

2020 年代の基礎技術
——機械が自ら賢くなる

What is it ?
AI／機械学習とは？

コンピュータ自身が経験から学習して、より良い計算を行うための
アルゴリズムを使用する手法。近年は第3次 AI ブームと言われる
が、ここ数年の AI の進化は、ほぼ機械学習の進化によるもので、
最近では AI≒機械学習とも言える。

🔽 解説

　第3次 AI ブームの核となる機械学習では、「学習」の名が
つく通り、機械に一から十まで指示を与えるのではなく、機
械に自ら学習させること、そのためのアルゴリズム（216ペー
ジ参照）やデータを与えることを重視します。いうなれば、
「機械が自分自身で学習すること」を目指しています。

　機械学習の方法は、大きく「教師あり学習(supervised
learning)」と「教師なし学習(unsupervised learning)」に分け

図5 AIの教師あり学習と教師なし学習

られます。教師あり学習とは、与えられたデータから傾向やパターンを見つけることを重視するものです。一方、教師なし学習では、全く気がついていなかった本質的な構造などを発見することを主目的とします。

機械学習の得意分野は「予測」と「発見」

図5にも示した通り、教師あり学習では、ビッグデータと絡めてAIが得意としているのは**予測**です。過去の膨大なデータからソフトウェアがデータの関係性、パターンを抽出し、そのアルゴリズムをもとに新たなデータに対して予測を行っていくのです。商品をレコメンデーション(推奨)するなどが典型です。大学によっては入学試験のエッセイやレポートの採点に機械学習を活用しているところもあります。

また、近年では画像認識(66ページ参照)の精度が上がっ

たことから、それを利用した応用例も増えています。たとえば入社面接で候補者の顔を画像認識し、それを入社後の評価と合わせて学習し、将来活躍する可能性を予測するという試みも行われており、一定の成果を残しているとされます。

あるいはペットショップで、子犬や子猫が大人になった時にどのような姿になるのかを予測して画像で示すなどです。これはもちろん人間にも応用可能です。

一方、教師なし学習が担うことの多い**発見**とは、対象を似通ったデータ同士のグループに分けるなど、データの背後にある本質的な構造を発見、抽出することです。たとえば顧客を属性、購買行動などから似たような顧客群（クラスター）にセグメンテーションするなどです。人間には思いつかなかったようなクリエイティブな発見がどんどんなされています。

予測と発見以外では、音声認識（ユーザーが何と発音したかを認識する）、言語認識の向上と組み合わせた会話などが最近注目を浴びています。すでにスマートフォンなどには搭載されていますし、これから先はスマートスピーカーがビッグデータ収集の重要なデバイスになることが予測されています。

現時点ではまだ精度は高くはないですが、おいおい自動翻訳を含めた通訳機能なども実用化されていくでしょう。

ちなみに、グーグルがかつて自動翻訳コンテストで一躍トップに躍り出た際に用いたのが、まさに機械学習でした。グーグルの開発陣には全くその言語が話せる人がいなかったにもかかわらず、過去の膨大な文章をAIに学習させることでその言語の癖（文法など）を学習させ、他の言語学者などのサ

ポートを得たライバルを一気に抜き去ったのです。

AIが導く「納得できない分析結果」はどう扱う？

　なお、機械学習の留意点として挙げられる点に、**コンピュータが行っている学習や計算が複雑すぎて、その内容を人間が理解できない**（人間から見るとブラックボックスになっている）、ということがあります。

　たとえば、製品開発担当者の採用において、仮に「教員資格を持っており、西日本出身者。体型はやや細めがいい」と機械が提案し、それが実際に有効だとしても、人間にはその理由が分からないということです。つまり、効果的な予測はしてくれるものの、その意味が人間の直感には合わないことも多々あるのです。

　商品の単純なレコメンデーションなどの機械に任せても安心な分野はともかく、会社や個人の重要な意思決定に機械をどの程度用いるか、たとえば個人であればAIが推薦した異性と結婚するのが本当にいいのかなどは、今後大きな課題になるでしょう。

Keyword _ 006

ディープラーニング

機械自らが判断し、
勝手に学習する

What is it ?
ディープラーニングとは？

ディープラーニング（深層学習）は機械学習の一種。人間の脳の
ニューロンを模したディープニューラルネットワークからなる。

⬇ 解説

近年の機械学習のレベルを各段に上げたのがこのディープ
ラーニングの技術です。2016年に世界最強レベルの囲碁棋士
イ・セドル氏を負かした「アルファ碁」もディープラーニング
を用いていましたし、自動運転などの近年のAIを活用した応
用も、ほぼディープラーニングを利用しています。

ディープラーニングの最大のメリットは、その精度の高さ
と学習速度の速さです。それを実現するためにディープラー
ニングでは、高レベルのGPU（画像処理に強いCPU）を用
い、コンピュータの計算速度を飛躍的に上げています。

図6 ディープニューラルネットワークのイメージ

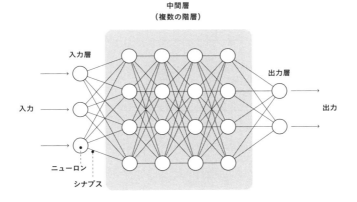

　ディープラーニングのメリットに、人間が手作業で学習対象を選り分けなくても済むという点があります。つまり**「学習すべき注目ポイント」（特徴量）を機械自らが判断し、学習する**のです。通常の人間の活動では、学校で先生が学生の理解度を見る際には、うなずく回数や顔の微妙な表情で「この学生は今説明した内容を理解しただろう」と判断するでしょう。それをディープラーニングの場合は、機械が自ら分析し、うなずく回数が重要なのだろうと学習していくのです。

　これは特に指示すべき内容を人間が言語化しにくい場合に威力を発揮します。たとえば、32ページの「これから活躍しそうな人材を顔写真から判断する」場合も、人間が言語化しやすい要素（例：自信がありそうなど）ではなく、機械が独自に評価基準を定め、人間が気づいていない要素を見出し、新たなパターンを生み出す可能性もあります。

Keyword _ 007

データマイニング

機械が人間にはできない
「発見」をしてくれる

What is it?
データマイニングとは？

数多くのデータの中から、ビジネス上で有益となる示唆を導き出すこと。マイニングは「発掘」の意味。

解説

データマイニングという言葉自体は昔からあり、実践もされてきました。しかし、近年はビッグデータが充実し、AIが進化したことにより、数万人の顧客の、項目が数百にも及ぶデータを、ものの数分で計算できる時代になりました。その結果、これまで以上に有益かつ人間が気づきにくいデータが見つかることが期待されています。

データマイニングの古典的成功事例としては、野球におけるセイバーメトリクスが挙げられます。これは、メジャーリーグの球団、オークランド・アスレチックスが「給料は安くて

図7 代表的なデータマイニング手法

確率予測	例）保険会社が、ある属性の契約者が将来保険請求する確率を予測する
分類	例）コミュニケーション戦略立案のため、 似通った購買パターンごとに顧客を分類する
パターン分析	例）ネット小売における「おすすめ」表示
将来予測	例）立地、日程、天気などからイベントの集客数を予測する
テキストマイニング	例）コールセンターのログから顧客満足度の高い応答表現を抽出する

出典：株式会社ブレインパッド「ビッグデータ時代に求められるデータ解析技術とその活用事例」

も強い球団を作るにはどうしたらよいか」という問題に対して、「打率、打点、ホームラン数、盗塁数といった昔ながらの指標ではなく、別の指標で見た方が掘り出し物の選手を見つけられるのではないか」と考え、発展したものです。

実際にアスレチックスは試行錯誤の末、「OPS」（出塁率＋長打率）という指標が得点能力と関係が深いこと、かつOPSが高いのにサラリーが安い選手が多数いることに気がつきました。そこでそうした選手をかき集めて、給料の総額は安いのに、強い球団を作り上げたのです（ちなみに、攻守走すべてに優れた数字を残している選手は、得点創出能力以上にサラリーが割高になることも発見したそうです）。

人間が気づかない法則をAIが見出す

　昨今のビジネスで、データマイニングが最も活用されているのはマーケティングの分野です。顧客の属性や行動をデータからきめ細やかに分析することで、それぞれの顧客に合わせて適切なアプローチを取ろうという企業が増えています。

　最も古典的なデータマイニングからの発見は、アメリカのディスカウントショップにおける**「ビールと使い捨ておむつは同時に購買されることが多い」**という発見でしょう。これは、人間の直感ではなかなか気づきにくい発見です。

　後講釈では、「使い捨ておむつを買いに来た父親が、ついでにあわせてビールを買う傾向があった」などと説明はできますが、ポテト系のおやつとビールのような組み合わせではなく、使い捨ておむつとビールという組み合わせは、なかなか人間には仮説が立てられませんし、発見もできません。これが機械の力とも言えるでしょう。

　データマイニングは、「儲からない可能性の高い人間に来てほしくない業界」（例：保険会社）などでは、そうした顧客を避けるためのプロモーション（デマーケティング）にも活用されています。たとえば、データから「このタイプの顧客は事故を起こしやすい」と判断された顧客については、その保険会社を選ばなくするようなメッセージを含んだプロモーションなどを行うのです。

データの質と量を決めるのは、人間の課題

　では、有用な知見の発見は、すべて機械に任せればいいのかというと、そういうわけでもありません。現時点では、機械の側から「このようなデータが欲しいから、このようなセンサーを作ってくれ」といった要求をすることはありません。したがって、そこには相変わらず人間の知恵や洞察力が求められます。**データの質を決めるのは人間なのです。**

　データの量についても、これからセンサーの低価格化が進めば、量も自ずと増えていくでしょうが、今は完璧とは言えない状況です。当面は費用対効果を高めるためにも、「どのようなデータを取れば有益な示唆が得られそうか」という方向性を、人間がしっかりと考える必要があるのです。

　また、1つの会社があらゆるデータを集めようとしても、それは非効率です。どのような企業とパートナーシップを組むのがいいのかといった判断なども、データの質と量を上げる上では大事な課題となるでしょう（19ページ参照）。カード業界などでは古くから競合会社同士でも「ブラック顧客リスト」を共有したりしていましたが、同じように顧客データを共有することが、新たなWin-Winの関係をもたらすかもしれないのです。

Keyword _ 008

レコメンデーション

あなたの欲望は機械に
先回りされている？

> **What is it ?**
> ## レコメンデーションとは？
>
> 顧客のデータを解析することで、その顧客が好みそうな特定の製品・サービスを案内し、その購買を促すこと。元々の意味は推奨／推薦だが、テクノロジーの世界では主にこの意味で用いられる。

⬇ 解説

　最も身近なレコメンデーションのサービスは、ECサイトなどで出てくる「よく一緒に購入されている商品」あるいは「この商品を買った人はこんな商品も買っています」といった案内や、そうした製品を案内するメールなどでしょう。こうした案内やメールの内容はユーザーごとに異なっており、最も効果的に購買を促すアルゴリズムが模索されています。

　レコメンデーションにはいろいろなアルゴリズムが考えられますが、アマゾンなどで利用されている最も原始的なルー

図8 レコメンデーションのアルゴリズム

例）ある社会人向けスクールで、科目A、Bを既に履修した鈴木さんに、
次に受講すべき科目を勧める

オススメ

履修科目	科目A	科目B	科目C	科目D	科目E	科目F	相関係数
鈴木さん	1	1	0	0	0	0	
Aさん	1	0	1	1	1	0	-0.00
Bさん	1	1	0	0	0	1	0.61
Cさん	0	0	1	0	1	1	-0.50
Dさん	1	1	0	0	0	1	0.76
Eさん	0	0	1	0	1	0	-0.61
オススメ度	na	na	0	0	0	1	

*オススメ度は相関が高い（>0.5）学生の選択（履修あり1, 履修なし0）を平均したもの

ルは、図8のような考え方です（実際にはこれほど単純ではなく、検索語や訪問ページなどの他の要素も考慮します）。

たとえば、あるECサイトで本Aを購入した人について、その多くが別の本B、本C、本Dも購入しているという傾向があったとします。この時、あなたが本A、本B、本Cは購入しているけど本Dは購入していない状態だったとすると、そこで本Dのレコメンデーションが行われるわけです。

つまり、過去に似たような購買行動をとった人のデータを参考に、その人がまだ買っていない商品を優先的に案内するわけです。その本Dの商品ページを訪問していたり、タイトル名や関連度の高いキーワードを検索していたりすると、レコメンデーションの優先度はさらに上がります。

もちろん、だからといってその商品を案内された人がそれを確実に買うというわけではありません。しかし、たとえば書籍であれば、過去に同じ本を何冊も買った人々は、書籍の著者や特定のテーマに対する嗜好が似ている可能性が高いため、ランダムに案内を出すよりもはるかに高い確率で購買を促すことにつながるのです。

　これは企業側にとってはマーケティングの効率化につながりますし、顧客にとっても情報収集の手間が省けることにつながるため、Win-Winとなりやすいのです。また、ある企業のケースでは、在庫がダブついている商品を優先的にレコメンドすることで在庫調整をし、廃棄ロスを減らすといった取り組みもあります。

　その他によく用いられるアルゴリズムは、やや原始的ですが、あらかじめ顧客に「気になるキーワード」や「興味のある分野」などを登録してもらい、それに沿って案内を出すというものです。たとえば旅行会社などで、ある顧客が登録したキーワードに「紅葉」「関西」「温泉」などが入っていれば、秋のシーズンに入る前に、紅葉で有名な京都府の嵯峨・嵐山の温泉旅行パックを案内するといったものです。

レコメンデーションにも課題はある

　なお、レコメンデーションにおいて、対象とする顧客が一個人ではなく複数人数の場合や法人の場合は、多少効果が落ち気味になります。

たとえば筆者の場合、10代の2人の子どもに頼まれて、私のパソコンを通じて書籍などを買うことがありますが、その結果、私にとっては何の興味もないティーンエージャー向けの書籍が頻繁に案内されてしまうのです。

　また、モノを買うのはいつも同じECサイトというわけではありません。したがって、他のサイトやリアルでの購買行動まではレコメンデーションには反映されないので、すでに買った商品がレコメンドされるなど、完全なレコメンデーションができないのです。

　また、あまり過剰にレコメンデーションの案内やメールを送ると、むしろ顧客がうっとうしいと感じて、商品から離れてしまう可能性もあります。このような課題はあるものの、これらのやり方をうまく組み合わせることで、既存のマーケティングを大きく変える可能性がレコメンデーションにはあります。

Keyword _ 009

パターン認識

飛躍的に向上した
AI の驚くべき認識力

What is it?
パターン認識とは？

AIなどを用いて、文字や画像、音声などの入力情報をパターンとして認識して蓄積しておくことで、新しい入力情報をそれと照らし合わせて、認識、判断する技術のこと。

解説

　人間の脳は非常に優れたパターン認識の機能を持っています。たとえば、紙に書いた文字について、多少崩れた文字であっても、一文字一文字をそれぞれ認識して、文章として読むことができます。あるいは、ある知人の顔について、それが横顔の写真や一部が欠けた写真の場合でも、「これは○○さんだろう」と推測することが可能です。

　近年このパターン認識について、機械を用いて行い、企業活動などに応用しようという動きが活発化しています。

パターン認識が比較的早くから実用化されてきた分野に、「文字認識」があります。たとえばOCR（Optical Character Recognition）という技術があります。これは、紙に印刷された文字情報をスキャナーで読み取り、それをコンピュータが扱えるビット情報としての文字情報に変換します。数十年前から用いられていた技術ですが、最近では数千円程度のソフトであっても、活字が対象であれば、かなり精度の高い読み取りができます。

実用化が進むパターン認識の技術

　「生体認証」によるセキュリティも、パターン認識の応用分野と言えます。指紋や声紋などがその典型で、指紋認証はセキュリティ用に頻繁に用いられています。さらに顔のパターン認識ができるようになれば、それを企業や家屋のセキュリティに使えるだけではなく、犯罪防止に役立てることも可能かもしれません（個人情報保護などの観点から、議論は必要だと思いますが）。

　パターン認識に関するAIの学習能力は飛躍的に上がってきており、その用途が広がっていくことが期待されます。

Keyword _ 010

プロファイリング

大量のデータがあれば
どんな人物像も割り出せる

What is it ?
プロファイリングとは？

元々の意味は犯罪捜査などにおいて、さまざまな証拠から犯人像
（性別や体格、趣味や嗜好など）を推理すること。IT用語では、
検索履歴や購買履歴などのウェブ上の行動データから、ユーザー
のプロフィールを明らかにすることを指す。

⬇ 解説

　ビッグデータやAIの進化がもたらしたのが、仮想空間上で
のプロファイリングの精度向上です。今までコンピュータは、
あるユーザーがどのような人物なのかを正確に割り出し、把
握することはできませんでした。もちろん、ユーザー側から
属性データを登録してもらうことは可能ですが、そこに書か
れたことが正確な真実なのかどうかは不明です（21ページ参
照）。

図9 プロファイリング

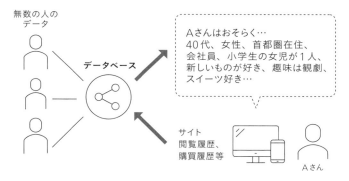

しかし、ウェブ上でさまざまな行動データを取ることで、ユーザーの人物像を推測できるようになりました。たとえば、

「この人は東京都内に住む、40代の既婚女性」
「職業はサービス業の管理職」
「世帯年収は○○○万円」
「子どもは1人、小学生の女の子」
「趣味はヨガと旅行とスイーツ」
「サッカーファンで、日本代表の試合は欠かさず見る」

といったレベルまで、ある程度正確に予測できてしまうのです。行動データの量が増えるほど、精度は増していきます。

プロファイリングは企業行動を大きく変える

これは企業にとって非常に有用なデータになります。先ほ

ど、過去に購買したものと似たカテゴリーの商品の通知が届くレコメンデーションを紹介しましたが（40ページ参照）、プロファイリングが完全にできていれば、購買などの行動に連動せずとも、レコメンデーションが可能です。たとえば、前出の40代の女性で言えば、「中学受験予備校の案内」「中年女性向けのサプリや漢方薬の案内」「2022年のサッカーカタールW杯の旅行ツアー案内」などがタイムリーに届くのです。

プロファイリングが重要になる分野として、**「企業の採用」**があります。新卒、転職を問わず、入社希望者の情報について、AIなどがクローリング（ウェブ上の関連する情報を集めていくこと）することで、面接などを行わなくても、人となりや能力をかなりの精度で推察することができるでしょう。

昨今、就職活動を意識したSNSであるリンクトインなどのサービスがありますが、そこに書いてある情報以外も考慮した上で、企業側は採用活動を行うことができます。

SNSに書いた不用意な一言で内定を取り消されたなどという話がしばしば話題になりますが、企業側からすると、そうした事前のリスク回避が、よりやりやすくなるわけです。

技術面ではなく、倫理面での課題も多い

ただ、**プロファイリングには、技術的な問題を超えて、倫理的な問題も生じてきます。**たとえば、レコメンデーションであれば、消費者はそれを買わなければ済むだけです。しかし、企業の採用のような、人生を左右しかねない大きなイベ

ントにおいて、クローリングまでして集めたデータを活用することが、本当に許容されるべきなのでしょうか？

また、プロファイリングの技術がもっと進めば、匿名掲示板などにおける匿名の投稿なども、文体や書かれた内容から、本人をかなりの精度で特定できるようになると予測する専門家の声もあります。そうすると、たとえば目の前の入社希望者が、匿名の投稿でヘイト的な発言をしている可能性がほぼ100％の確率で分かったからといって、それを理由に入社を断ってもよいのでしょうか？

さらにこの傾向が進み、過去に何の犯罪歴もない人についても、「彼は通常の人物より高い確率である種の犯罪を起こしやすい」などと政府や企業が判断するような時代になったとしたら、どうでしょうか。それは、社会としてより良い方向に進んでいるのでしょうか。

ウェブを通じて人間の情報はどんどんデータ化されていく時代ですが、一定の線引きを考えることも必要かもしれません。

Keyword _ 011

AI スコアリング

個人、企業の信用度が
「点数化」される

What is it ?
AI スコアリングとは？

行動データや質問への回答をベースに、個人や企業の信用度が
点数化されること。フィンテックのAIレンディングなどで活用され
ている。

⊘ 解説

　AIやビッグデータを用いて、個人や企業の信用を点数化す
る「**AIスコアリング**」が話題を集めています。信用が大きな
意味を持つ場面としては、資金調達、不動産の賃貸、就職・
転職などがあります。アメリカなどに比べるとまだ普及度は
低いものの、今後浸透していくことが期待されています。

　日本における個人向けの資金提供の例としては、J.Score が
その先駆け的存在です。これは質問に答えていくだけで、答
えた個人の信用や将来性を表す点数が産出され、それをベー

図10 AIスコアリング

金融上の信用情報

健康状態

試験やレポートの採点

就職や結婚等の相性

スにお金を借りる限度額が決まるという、フィンテック（90ページ参照）のサービスの1つです。

その他の例としては、2014年に日本に導入された「Amazonレンディング」も、AIスコアリングを活用した資金提供サービスです。これは、Amazonマーケットプレイスに参加している法人の販売事業者を対象としたサービスで、これからの成長が期待できる（すなわちアマゾンに対する貢献が期待できる）事業者に対して資金を提供するサービスです。

アマゾンはその圧倒的なビッグデータから、事業者の信頼度や成長性を、独自に判断します。信用の度合いは金利に反映され、信用度の高い企業ほど低金利での資金調達が可能となります。当面は金融サービスでの活用が予想されていますが、「信用」が重要となるあらゆるシーンが、潜在的なAIスコアリングのビジネスチャンスになると考えられます。

Keyword _ 012

チャットボット

音声データを用いて
生活を効率化せよ

What is it?
チャットボットとは?

AIを用いて音声認識を行い、人間と会話するコンピュータプログラムのこと。

解説

　チャットボットの最もシンプルかつ身近な例はスマートフォンの音声アシスタント機能でしょう。また、「Amazon Echo」や「Google Home」などのスマートスピーカーも話題になっています。今後は、これらがさらに進化し、音声による複雑な命令の実行や、人間との自然な会話など、さまざまな方向に発展していくことが期待されています。

　ゆくゆくは、「特定の趣味についての会話にひたすら付き合ってくれる」「ずっと愚痴を聞いてくれて、時々慰めてくれる」といった、人間の感情に配慮した会話サービスが提供さ

図11 チャットボット

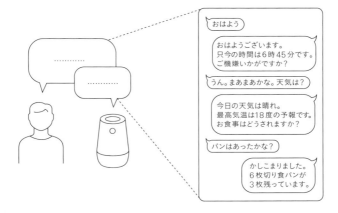

れるという予測もあります。また、少子高齢化が進み、独居老人の問題などが深刻化する中で、チャットボットの会話機能がその解決に寄与できるという意見もあります。

チャットボットの注目すべき点は、**人間の会話というビッグデータの収集機能の役割を果たすことができる点です**。部屋に置いてあるスマートスピーカーから、日常の会話をすべて拾い上げ、データとして分析することができれば、そこから極めて有用な示唆を得られる可能性があります。

たとえば、「最近お腹が出てきて……」という会話がしばしばされているようなら、他の音声情報と組み合わせて解析し、適切なサプリメントをレコメンドする、といったことも可能になるかもしれません。

このように、意識せずに発する言葉も重要な行動データであり、それが宝の山となりうるのです。

Chapter 2

New Technology
新技術

本章では、AIやIoTの進化と連動して生まれつつある新技術や、ロボットやVR、バイオインフォマティクスのように他の技術進化とも連関しながら生まれてきている新技術についてご紹介します。

Keyword _ 013

シンギュラリティ

「AIが人間を超える」
は真実なのか？

What is it?
シンギュラリティとは？

人工知能の進化により、人類に代わって、機械が文明の主役に
躍り出ること。あるいは、人間の知能の限界を機械が乗り越え、
今までと全く異なる世界が登場すること。人間は人工知能の指示
に従うようになるとされる。シンギュラリティの元々の意味は技術
的特異点。

⊕ 解説

シンギュラリティの概念自体は昔からありましたが、人工
知能の進化を予測した人物としては、未来学者のレイ・カー
ツワイル氏が有名です。彼は2045年頃には、人工知能の性能
が人間をはるかに上回るようになり、それに伴って人類の知
性が機械の知性と完全に融合し、人類がポスト・ヒューマン
（新しい人類）に進化すると予測しています。

シンギュラリティに達すると、**人工知能は自ら人工知能を設計し生み出すことができるようになる**と予測されています。その結果として、人間の役割も大きく変わり、少なくとも「考える」ということについては機械に任せる方がはるかによい判断につながるようになるとされています。

シンギュラリティへの疑義

しかし、このようなシンギュラリティが本当に訪れるかということに関しては疑問を呈する意見もあります。典型的な反論としては、

・機械には人間がやっているような価値判断（善悪の判断など）はできない
・人間の課題設定は人間にしかできない
・機械は人間の感情を理解することはできない

といったものがあります。確かに人工知能は計算は得意ですが、そもそも絶対解のない課題設定や感情の問題などに対して人間を超越するのは無理だろうとの発想です。また、人工知能といえども、センサーの限界などから、世の中の森羅万象を知ることはできないので、計算にも自ずと限界がくるという意見もあります。

一方で、こうした意見は認めつつも、シンギュラリティに近い時代はいずれ訪れ、その時には人間の役割は大きく変わっているだろうという意見には、程度の差こそあれ、多くの識者が賛意を示しています。

Keyword _ 014

ロボティクス／RPA

ロボットが人間の業務を
完全に自動化する

> **What is it ?**
> ## ロボティクス／RPAとは？
>
> ロボティクスとは、ロボット工学（ロボット関連の学問分野）のこと。
> ロボットテクノロジーとも呼ぶ。RPA（Robotic Process
> Automation）は、ロボットによる業務の自動化を指す言葉。

◉ 解説

　元々ロボティクスは、機械工学やセンサー技術、制御技術
などを中心として発達してきました。近年では、IoTでイン
ターネットにつながったセンサーから、さまざまなデータを
収集し、その情報をAIで処理して最適な動作を行うといった
次元にまで応用が進んでいます。

　たとえば介護ロボットであれば、目の前の人の姿形や声を
センサーで認識してAIが解析することで、荷物を持ちあげて
移動するといった「**その場で最適な行動**」を即座に取れるよう

になることが期待されています。

　また、清掃ロボットであれば、汚れている箇所について、画像や匂い（揮発している化合物の情報）などから汚れを解析して、最適な清掃を行うといった活用法が期待されています。たとえば、床の上のしつこい汚れを見つけると、その汚れに一番効く洗剤を吹きかけてきれいに拭き取る、といったようなことです。

すでに活用されているロボティクスの数々

　上記の例は一般消費者視点での活用例ですが、実際には家庭用のロボットで、一人ひとりの人間を相手にロボットが適切な行動をとることは、未だ認識技術や機械工学的に難しい面もあります。その一方、いち早くロボットが導入されているのは、**倉庫や工場など「モノ」を対象に比較的単純な作業が繰り返される現場**です。

　たとえばアマゾンの物流倉庫では、アマゾン・ロボティクス（AR）というシステムが導入されています。そこで活躍しているのは自走式のロボットで、アマゾンはこれによって商品保管棚を管理しているのです。

　具体的には、ロボットは倉庫の床に埋め込まれたバーコードを読み取り、次に向かう位置を把握しながらエリア内を移動しています。一方、倉庫のスタッフは商品を棚に入れたり、棚から出したりする作業だけを行います。通常の倉庫では、人が歩いて棚まで行くところを、ロボットに完全に任せているのです。

アマゾン・ロボティクスの手法は時間や人件費の節約にも
なり、作業の負荷も減らすことができます。また、現在は人
間が行っている棚入れ、棚出しの作業も、将来的にはピッキ
ングロボットによって代替されることが期待されています。

　アマゾンの例以外にも、特に工場などは、今もさまざまな
ロボットが活躍しています。企業にもよりますが、生産ライ
ンに従事する人間を極力少なくし、徹底的にロボットを活用
しようという動きが進んでいます。
　特に日本企業の場合、人件費が新興国に比べて高いという
弱点があります。また、昨今は人口の減少によって、採用が
難しいということも多いでしょう。コスト競争力や安定供給
といった側面からもRPAが導入され、ロボット活用を前提と
した生産が今後の主流になると予想されています。

　RPAのさらに進んだ形としては、**「ホワイトカラーの業務
の効率化」**も期待されます。たとえば、情報収集やその後の
分析、資料の作成なども、ゆくゆくはロボットに任せていく
ことが期待されています。

「多機能化」と「故障」がロボット活用の課題

　ロボットの活用における重要なポイントに、**「どこまでロ
ボットを多機能化するか」**という問題があります。多機能ロ
ボットは確かに便利ではあるのですが、たとえば先述したよ
うな清掃ロボットを作ろうとすると、現在の「ルンバ」のよう
なものに比べ、恐ろしく大型で高価なものになってしまうで

図12 ホワイトカラーの業務におけるRPA

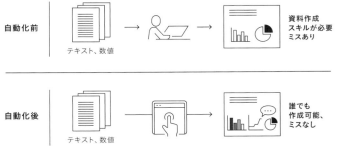

しょう。さらに、そこに警備機能なども実装しようとすると、ますますロボットが大型化してしまい、その実用性に問題が出てきてしまうのです。複数のロボット間の仕事の分担の最適化や、そもそもロボットに何を担わせるべきかについては、まだまだ議論の余地があると言えるでしょう。

ロボット活用におけるもう1つの留意点は「**故障**」です。工場であれば、あるロボットが故障した途端にすべてのラインが止まってしまう、という事態は絶対に避けたいでしょう。その間に、制御を離れたロボットが暴走したりすれば、人間にも危害が及びます。

もちろん、単純な故障は品質改善の努力で減っていくでしょうが、機械である以上、故障はゼロにはなりません。故障が起きるという前提で、それらのメンテナンス体制をどう構築するかも、当面の大きな課題です。

Keyword _ 015

VR／AR／MR

視覚情報の変化が、
新しい世界を生み出す

What is it ?
VR／AR／MRとは？

VR（仮想現実：Virtual Reality）は、専用のハードウェア（メガネやグラブなど）やソフトウェアなどを用いることにより、目の前にある現実の視覚情報が遮断され、コンピュータが作り上げた世界が現実であるかのように知覚させる技術。

AR（拡張現実：Augmented Reality）は、現実の環境にコンピュータが電子情報を付加することによって、人間が認知している世界を拡張する技術。

MR（複合現実：Mixed Reality）は、VRとARが合わさった概念。仮想現実を生み出すハードウェアを装着しているが、同時に現実の世界とも接続されたまま、コンピュータが作り出した世界と現実の世界が重なって見えるという技術。

⬇ 解説

VRの分かりやすい例は、たとえば、現実には床に1枚の板が置かれているだけにもかかわらず、専用のメガネやセン

サー付きの靴を装着してその板の上に乗ると、あたかも崖の上から突き出した1枚の板の上に乗っているように錯覚する、といったものです。この時、視覚情報はもちろん、人間の動作を感知して板が揺れるといった演出なども合わせることで、よりリアルな体験として感じられるのです。

この他には、仮想のライフル銃を撃つことで迫りくる敵を次々に倒していく感覚を味わったり、その場に固定された自転車をこいでいるだけなのにあたかも空を飛んでいる感覚を味わったりといったことも可能になります。

VRはエンターテインメントだけの話題ではない

仮想現実の研究の歴史は古く、コンピュータ科学はもちろん、ロボティクス、計測工学、制御工学、知覚科学などさまざまな知見や技術が用いられています。現時点では、アミューズメント施設などのエンターテインメント分野が先行気味ですが、実務分野でのさまざまな応用も期待されています。

たとえば、宇宙飛行士の訓練をより強いリアリティをもって行うこともできますし、医師が難しい手術のシミュレーションをあらかじめ行うことも可能になります。その他セキュリティポリスの防護訓練などにも活用が見込まれています。

現時点での普及に向けての大きなハードルは、ハードウェアとソフトウェア双方のコスト高です。ゲーム向けの単純な機器であれば比較的コストも安くて済むのですが(それでもかなりの高額です)、さらに専門性の高い特殊な用途となる

と、規模の経済性が効きにくいことから非常に割高になって
しまうのです。それゆえ現状では単独の企業だけではなく、
複数の企業がコンソーシアムなどを組んで開発に当たる事例
が多くなっています。

AR／MRは「今ある現実の延長」を見せてくれる

　ARの分かりやすい例は、2016年に社会現象にもなった
「ポケモンGO」です。これは、スマートフォンのGPS機能を
利用したゲームアプリで、現実の風景の中に仮想世界のキャ
ラクターが出てきて、それを捕獲したり対戦させたりするも
のです。実際にポケモンGOは、イオンやソフトバンク、マ
クドナルドなどと提携し、現実の店舗を訪れると「レアポケ
モン」を捕獲できる、という施策を行い、店舗プロモーショ
ンの新しい形として注目されました。

　ARもエンターテインメント分野での応用が先行していま
すが、たとえば家具メーカーやアパレルショップがコーディ
ネート用のスマホアプリを作るなど、他の分野での動きも見
られます。つまり、**「今ある現実と、ある商品・サービスを組
み合わせたイメージ」が重要となるビジネスは、拡張現実と
の相性がいい**といえるでしょう。

　MRは、たとえば、専用のメガネをかけると目の前に実際
にあるモノの隣に、その説明や価格が文字として表示される、
といった例が挙げられます。あるいはビッグデータと連動し
て、あるモノを見た時の物理的・心理的状況に応じて、彼（彼

女）の関心が高いと思われる広告が現れる、といったサービスをイメージすると分かりやすいでしょう。

　具体的には、彼（彼女）が初めて訪れた街を歩いている時でも、過去に何度も利用したことのあるブランドの別の店への案内板や、そこで行われているキャンペーン情報が出てくるといったものです。また、医師が手術をする際に、専用のメガネをかけると、手術のヒントが状況に応じて出てくるといった応用も期待されています。

　いずれの技術も、現段階ではコスト高は否めませんが、技術の進化に加えて使用量が増えれば、規模の経済性で一気にコストが安くなり、普及が加速することが期待されています。

Keyword _ 016

画像認識

飛躍的に向上した AI が
あらゆるモノを識別する

What is it?
画像認識とは？

画像や動画から、人の顔などの対象物やその特徴を認識し検出するパターン認識技術の一分野。

解説

　画像認識は、コンピュータに画像を見せた時、それが何であるかを判断するパターン認識の一種です。人間は、写真を見て「これは猫だ」「これは犬だ」と認識するのは非常に容易なことです。しかし、コンピュータにとっては、画像はピクセルごとの明るさや色といった情報の集まりにすぎず、その内容について判断することはできませんでした。

　そこで、その情報の集まりの内容を解析するために、これまでは猫なら猫の写真を多数見せて、猫の特徴を機械に学ばせていました（AIの教師あり学習）。これまでこうした解析の

図13 画像認識

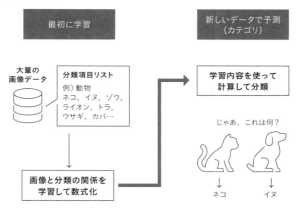

精度は低かったのですが、近年の機械学習、特にディープラーニングの進化で、その精度が飛躍的に向上しています。

画像認識の分かりやすい例は、SNSにアップされた人物の集合写真などで、機械が自動的にこの人は誰、あの人は誰と判断し、関連付けを行っている機能などです。

今後、人の顔についての画像認識の精度が上がれば、店舗型サービスのマーケティングや、犯罪捜査などでの応用が可能となるでしょう。将来的にはある人を見るだけで、その人の情報をスマートグラス上に示してくれるかもしれません。

他の利用例としては、工場における不良品の検出が挙げられます。たとえばお弁当などの商品の場合、「ポテトを1つ入れ忘れた」といった確認は、人間の目視に頼っていましたが、画像認識の精度が上がれば、「何がポテトであるか」を認識し、その数量が適切かを見極めることもできるのです。

Keyword _ 017

バイオインフォマティクス

コンピュータで生物学、
さらには生物の在り方そのものが変わる

What is it ?
バイオインフォマティクスとは？

コンピュータ・サイエンスの手法や知見を、分子レベルの生命現
象の解明に応用する研究領域。生命情報科学。

● 解説

　生命情報の中でも、これまで最もコンピュータ・サイエン
スと相性がいいとされてきたのは、さまざまな生体反応を司
るタンパク質をコードする遺伝情報が入っており、分子的に
も基本的にコンピュータと似た構造をとる「DNA≒遺伝子」
です。

　DNAのヌクレオチド（最小単位の分子）は、基本的に「A」
「C」「G」「T」という4パターンの塩基の差しかなく、それが
二重らせんの形で延々と続きます（ヒトのDNAの場合、およ
そ31億塩基対あるとされます）。最近はコンピュータの性能

向上によって、ある1人の人間のすべてのDNAの配列を読み取ることも、非常に安価かつ短時間でできるようになっており、これをビッグデータとして活用しようとの機運が生まれています。

コンピュータによって生命の在り方さえ変わる

近年では、DNAだけではなく、分子としてより複雑なタンパク質の構造や、タンパク質とDNAなどが反応している状態の解析なども飛躍的に進んでいます。

バイオインフォマティクスのその他の応用分野としては、特定の疾病を発症する確率の予測や、疫学、創薬、動植物の品種改良などが挙げられます。これらは人間の寿命や健康年齢を延ばしたり、世界的な食物不足の問題の解決に貢献することなどが期待されます。

また最近では、1つの個体の中の物質の情報だけではなく、外部環境（たとえば人間でいえば、生活習慣や物理的環境など）もデータに取り込み、それらを包括的に分析することで何らかの示唆を得ようという動きも広がっています。

生物は、通常の単なる物質とは異なり、関連する分子が極めて多く、また複雑な反応をすることから、分析対象としてはこれまで極めて複雑とされてきました。しかし、近年では**コンピュータの進化によって、生命活動やそれへの介入がより身近なものになっている**のです。

Keyword _ 018

ブロックチェーン

テクノロジーが信用を生み出す
——その技術の本質とは

What is it?
ブロックチェーンとは？

電子データの取引記録を複数のコンピュータで共有し、相互確認することで改ざんを防ぐ仕組み。分散型台帳技術。

⬇ 解説

　電子データを細かく区切って「ブロック」というひとかたまりの単位で整理し、それらを時系列順にチェーンのようにつなげて管理するのがブロックチェーンの技術です。

　ブロックチェーンの場合、今までは特定の企業や組織が責任を持って一括管理していた電子台帳のデータを、複数のコンピュータで分散して管理しているので、「分散型台帳技術」とも呼ばれます。その結果として、改ざんが実質不可能に近い、特定の管理者が要らない、システムダウンが起きにくいなどのメリットが生まれています。

図14 ブロックチェーンの改ざん防止の仕組み

新たな取引データを追加する時は、前のブロックの取引データを要約した「ハッシュ値」と一緒にブロックを形成する

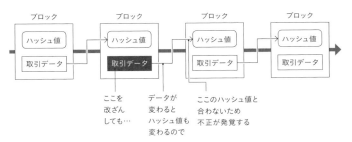

　ブロックチェーンを成立させる基本技術は、P2Pネットワーク（232ページ参照）、コンセンサスアルゴリズム、暗号技術の3つです。

　コンセンサスアルゴリズムとは、複数のコンピュータが相互に確認しながら、同一のデータを保存するためのルールです。「この取引は正しい」とネットワーク全体に承認された取引のみが正式な取引として書き込まれていく仕組みです。

　暗号技術は、ハッシュと電子署名を活用した技術です。ハッシュとはデータを一定の桁数の値に暗号化する技術で、算出された値から元のデータを逆算することはできない一方通行の暗号化技術です。電子署名とは公開鍵と暗号鍵という2つの鍵を使う暗号技術で、前述のハッシュと組み合わせること

でデータの改ざん、なりすまし、盗み見などを防ぎます。

　これらの仕組みの組み合わせにより、**既存の中央集権型の
ネットワークとは異なる分散型（decentralization）のネッ
トワークが実現した**のです。

　ところで、なぜブロックチェーンの仕組みだと改ざんが実
質不可能になるのでしょうか？　それは不特定多数の利用者
が分散してデータを管理しているために、あるデータを書き
込むたびにネットワーク全体の承認が必要になるからです。
また、過去の取引データを記録したブロックはすべてチェー
ン上に一列につながっているため、もしブロックチェーン上
のデータの一部を改ざんしようとすると、そこからさかの
ぼって過去の取引も含めたブロックを計算・改ざんしなけれ
ばなりません。これには途方もない作業が必要になるため、
実質的に改ざんが不可能なのです。

　記録の改ざんが実質不可能であれば、**取引相手が信頼でき
るかどうかを審査する必要がなくなるので、管理者が不要に
なる**という点がポイントです。これまでは、インターネット
上で金銭を送付する場合には、銀行などの信頼できる仲介業
者を利用する必要がありましたが、それが不要になるのです。

ブロックチェーンによって変わる分野はどこか？

　ブロックチェーンが市場に与える影響は、日本円にして数
十兆円に上り、最も影響を受ける市場は小売業などの「サプ

ライチェーン」とみられています。製品の原材料からの製造過程や流通・販売までをブロックチェーンで追跡することができれば、透明性と信頼度が高く、効率的なサプライチェーンの実現が期待できるからです。

次に影響が大きいとみられている市場は「取引の自動化」です。何を誰にどんな条件で売るのかなどの契約内容をブロックチェーン上で管理することで、バックオフィス業務の大半を置き換えることが可能となると見る向きもあります。

その次は「シェアリング」です。民泊やライドシェア利用時の本人確認や利用権限管理をブロックチェーンで行うことにより、劇的な効率化がもたらされることが期待されています。たとえば、現在は民泊を利用しようとする場合、エアビーアンドビーなどの仲介業者を利用する必要がありますが、ブロックチェーン上で利用権移転情報や評価情報を記録すれば、これらの仲介業者なしに、直接取引することが可能になります。

その他にも、暗号通貨（74ページ参照）、権利証明など多くの分野での応用が期待されています。

一方、懸念点としては、事業に経営者・管理者がいなくなるため、何か問題が生じた時も、訴えるべき相手が存在しなくなる、ということなどが挙げられます。現時点ではブロックチェーンに関する法の整備は遅れているのが現状で、この点については早急な対応が求められています。

Keyword _ 019

暗号通貨（仮想通貨）

「国家の信用が必要な通貨」
はもう古い？

What is it ?
暗号通貨（仮想通貨）とは？

ブロックチェーン（70ページ参照）技術を用いて、取引の安全性
を確保する電子上の仮想通貨。ビットコインがその代表。極めて
低い手数料などを実現する可能性があるとされる。

⭣ 解説

　日本では仮想通貨と言われることが多い暗号通貨ですが、
英語ではCryptocurrencyと呼ばれており、本来の意味から考
えると暗号通貨という言い方がより適切と思われます。です
ので、本書でも暗号通貨と呼ぶことにします。

　暗号通貨の特徴としては、電子的な暗号によるセキュリ
ティがある、送金の手数料が安いという点だけではなく、**中
央銀行が発行した通貨ではない**という点が重要です。つまり、
各国の信用（経済の安全性、軍事力など）を裏付けとした従来

図15 暗号通貨（仮想通貨）

暗号通貨　時価総額上位（2018 年 12 月現在）

順位	名称	時価総額	特徴
1	**Bitcoin**（ビットコイン）	約600億ドル	最も代表的な暗号通貨。2009年から運用開始。
2	**Ripple**（リップル）	約123億ドル	送金／決済の役割に特化
3	**Ethereum**（イーサリアム）	約93億ドル	取引で行われる契約内容を保存する機能を持つ（スマートコントラクト）
4	**BitcoinCash**（ビットコインキャッシュ）	約18億ドル	2017年8月にビットコインから分裂して生まれる
5	**EOS**（イオス）	約17億ドル	イーサリアム同様スマートコントラクトを実行できる

の通常の通貨とは異なり、別の形での信用による裏付けをベースとした通貨なのです。

　その信用の源こそが、ブロックチェーン技術の特徴でもある「分散型台帳」という仕組みです。これは何か取引（トランザクション）があった場合、公開されている分散元帳にそのトランザクションが記録されるというものです。こうして台帳に記録された電子データは、これらの取引を承認している採掘者（トランザクション処理に貢献する人々）の共同体によって、安全性や一貫性が維持されています。また、通貨の価値を決める発行量も、何かしらのルールによって規定されている場合が多いです。

続々と現れる暗号通貨の数々

　暗号通貨の先駆けとなったビットコインは、2009年に「サ

トシ・ナカモト」と呼ばれる匿名の人物（組織とも言われています）によって提唱されました。新規のビットコインは、トランザクション処理作業に対する報酬として発行されますが、その総量の上限数は2100万枚とあらかじめ決まっています。

トランザクションの検証・記録などの作業は、マイニング（採掘）と呼ばれます。先ほど、トランザクション処理に貢献する人々のことを採掘者と表現したのはこのためです。採掘にはコンピュータを動かす必要がありますが、当然電力もかかるため、電力の安い地域に拠点を構える採掘者の組織もあるとされます。

その他の代表的な暗号通貨としてはイーサリアムがあります（厳密に言えばイーサリアムはプラットフォームであり、通貨の単位はイーサです）。これもブロックチェーンの技術を用いています。

イーサリアムは2014年頃から実用化が始まりました。その思想の特徴は、イーサリアムのプラットフォームを活用して、誰もが独自の暗号通貨を作れるという点にあります。

ビットコインとの差異としては、1ブロックに書き込める情報量が多い、あるいはブロックを生成するまでの時間が短いといった点などがあります。

ビットコインやイーサリアム以外にも、そこから分岐した暗号通貨や、新しく生まれた暗号通貨が数多く登場し、2019年現在は数百〜数千の暗号通貨があるとされます。通常、後発の暗号通貨ほど、何かしらの新しい機能が盛り込まれるこ

とが多く、今では暗号通貨を専門に取り扱う取引所も多数存在しています。

暗号通貨の光と影

　暗号通貨は利便性が高い一方で、懸念点もあります。まず、国の信用の裏付けがないため、何かトラブルがあった際に、それを解決しにくいことが挙げられます。事実、取引所によるミスは多数報告されており、それ以外にもトラブルの可能性は多数あり得るというのが現状です。そして、それを現行法でどう扱うかは必ずしも明確ではありません。

　また、通貨価値の乱高下が、通常の先進国の通貨に比べるとはるかに大きく、決済手段としては使いにくいとの指摘もあります。事実、代表的暗号通貨であるビットコインの価値は、初期の価値の数万倍に膨れ上がるタイミングがあった一方で、その後にピーク時の10分の1程度にまで下がってしまったという現象も起きています。

　さらには、全取引に占める暗号通貨の比率が増えてしまうと、国の中央銀行（日本の場合は日銀）が行う経済政策の効果が弱まり、市場を混乱させてしまうとの指摘もあります。

　このような指摘はあるものの、**個々人の信頼をベースとした中央集権化しない経済圏＝「トークンエコノミー」**に期待を寄せる人々も多く現れており、不安要素はあるものの、暗号通貨は広がりを見せています。

Keyword _ 020

ICO

これからの資金調達は
暗号通貨も選択肢に

What is it ?
ICOとは？

企業や団体、個人が暗号通貨を用いて資金調達すること。
Initial Coin Offeringの略。通常の株式公開を指すIPO（新規
株式公開、Initial Public Offering）を模した言葉。

解説

　通常、企業がさらなる成長を目指して資金を外部から得る
には、増資やIPOといったエクイティ（出資）での資金調達
や、銀行からの借り入れや社債発行といったデット（借金）で
の資金調達が必要になります。それに対してICOは、通常小
規模のベンチャー企業や個人が、暗号通貨で資金を調達し、
成長のための投資に用いるものです。

　ICOの調達側のメリットは、資金調達の趣旨に賛同してく
れる人間や企業がいる場合、**面倒な手続き抜きに素早くかつ**

図16 ICO

ICOの仕組み

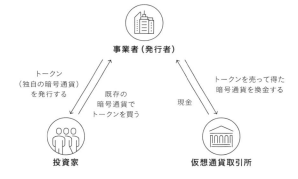

手数料も極めて低く資金を調達できる点です。企業の立場からしても、通常の増資に伴うような議決権の低下の問題も生じません。さらに、企業単位ではなく、プロジェクト単位で柔軟に資金を調達できるといったメリットもあります。

一方で、投資する側からすると、ICOは情報の非対称性が大きく、「本当に投資していい案件なのか」を判断することが難しいというデメリットがあります。事実、中には詐欺に近い案件も多く、本当にリターンを得られる案件を見出すのは容易ではありません。逆に言えば、知名度の高い企業や個人でないと、ICOを利用しにくいとも言えます。

さらに、暗号通貨の価値変動のリスクもあります。仮に投資が成功しても、通貨の価値が目減りすれば、実質リターンも下がってしまいます。こうした問題はあるものの、未来の資金調達法として、世間的に注目を集めています。

Keyword _ 021

キャッシュレス

現金好きの日本人が
現金を持たなくなる日

What is it?
キャッシュレスとは？

特に個人の決済において、現金（キャッシュ）を使用せず、電子
マネーなどに置き換えていくこと。近年は、アップルペイなどの決
済サービスの普及とともに語られる場面が多い。

⊛ 解説

　消費者向けの決済について、日本は先進国の中でも極めて
「現金好き」な国民です（図17）。これを非接触ICカードやQR
コードの技術を用いて、なるべく現金を持たなくても済むよ
うにしようというのが昨今のキャッシュレス化の動きです。

　キャッシュレスのメリットとしては、国家的には脱税やマ
ネーロンダリング、賄賂の防止や、反社会的組織の資金源と
なりやすい地下経済の縮小が挙げられます。企業や個人レベ
ルでは、レジで現金をやり取りする時間の短縮、企業の現金

図17 キャッシュレス

各国のキャッシュレス決済比率の状況（2015年）

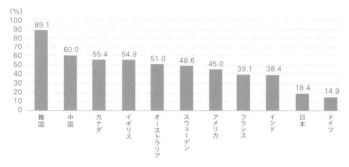

出典：経済産業省「キャッシュレス・ビジョン」図表4の一部を加工して掲載

管理の手間の低減、現金を落とすあるいはなくすリスクの低減などがあります。また、スマートフォンでアップルペイなどの決済アプリを活用する場合、何にいくら使ったかが自動で記録される、クレジットカードをまとめられる、本人以外は使えないように設定できるなどのメリットがあります。

一方では懸念点もあります。**キャッシュレスはセキュリティが担保されていることが大前提**です。たとえば、もしそれが外部の攻撃で破られるといった事態が多発するようなら、キャッシュレス化はなかなか進まないでしょう。

また、スマートフォンのアプリで決済をしている場合、万が一機械が故障した場合や、システムやネットワークがダウンした場合に、決済ができなくなる可能性があります。その他、「お金の使い方」という重要な個人情報が企業に収集されてしまうことに対する懸念も挙げられます。

Keyword _ 022

セキュリティ

サイバー空間の
安全の値段は安くない

> What is it ?
> ## セキュリティとは？
>
> 広義には「安全確保」という意味の言葉だが、主にコンピュータ
> やインターネット上での安全確保を指す言葉として用いられる。
> ネット空間でのセキュリティについて、特にサイバーセキュリティと
> いう場合もある。

⬇ 解説

　IT関連のハードやソフト、そしてネットワークを使う上で
セキュリティは非常に大きな課題となります。たとえば、個
人情報が安易に漏洩したり、なりすましやデータの改ざんが
すぐにできてしまうようでは、誰もそのハードウェアやサー
ビスを利用しようとは思わないでしょう。

　IT関連のセキュリティでは、「**機密性**」「**完全性**」「**可用性**」
の3つが重視されます。まず機密性とは、アクセス権限があ

る人間のみがそれを利用できることです。完全性は、データが改ざんされたり破損したりせずに、本来の形で残ることです。可用性とは、必要な時に確実に利用できることです。3つの要素のどれも重要ですが、一般のユーザーが特に気にするのは、多くの場合は機密性です。

機密性を高める上で活躍する技術の1つが暗号技術です。通常、企業間の重要な情報などはすべて暗号化してやり取りされており、第三者への情報漏洩などを防いでいます。近年の暗号は素数などの数学理論を用いており、それそのものを破るのはかなり難しいと言えます。

また、一般のユーザーにもなじみのあるセキュリティの例に、パスワードがあります。パスワードは非常によく用いられる手法ですが、弱点も多い手法でもあります。

まず単純に、パスワードを忘れやすいということが挙げられます。通常のビジネスパーソンの場合、パスワードが必要なシーンは数十に及ぶと言われており、そのすべてを覚えるのは人間の能力的にも難しいはずです。とは言え、「password」「1234567」あるいは自分の誕生日など覚えやすい文字列をパスワードに設定した場合、ハッキングのプログラムなどを用いれば、一定比率で簡単に突破できてしまいます。

さらに、**ソーシャル・エンジニアリング**と言って、システム管理者などと偽って、直接本人からパスワードを聞きだすというやり方も存在しています。このように、セキュリティはハード面やツールだけで実現できるものではなく、人間の意識も重要になるのです。

Keyword _ 023

ドローン

人類はテクノロジーの力で
鳥になれるか？

What is it ?
ドローンとは？

遠隔操作・自動操縦によってコントロールされた、小型の無人航
空機のこと。

⬇ 解説

　昔からラジコンというものはありましたが、ドローンはそ
れが最新のテクノロジーによってより進化したものと言って
良いでしょう。世界レベルで見ると、元々は偵察などの軍事
的利用がメインの用途でしたが、2016 〜 2017年頃からは民
間での利用の方が増えたとされています。

　ドローンの具体的な活用先としては、監視・観察・撮影・
物流といった分野が挙げられます。監視・観察・撮影の例と
しては、報道・災害の現場などで、危険で人間が行けない、
あるいは入り込めない場所の様子を確認するといったものか

図18 ドローンの活用例

- **農業**
  大規模農地への農薬散布、肥料散布
- **物流業**
  高所／過疎地への配達
- **土木建設業**
  測量、既存建造物の調査
- **研究機関**
  自然環境の観察、データ採取
- **エンタテインメント業**
  高所からの撮影、移動撮影
- **政府／自治体**
  災害出動、インフラ点検

ら、スポーツ中継などで、新しい画像アングルを提供するといったものなどが挙げられます。

物流については、「宅配ドローン」のような活用も見込まれていますが、2019年時点では機能上の制約から、大きなものや重いものはまだ運ぶことができません。そのため、現在主に運ばれているのは、比較的軽い書類や医薬品などです。

ドローンの普及に当たっての課題としては、電波が届きにくい場所での制御や、着陸の安全性の確保、空中での故障による墜落の防止などがあります。ドローンの数が増えると、ドローン同士、あるいは鳥や電線などとの衝突のリスクが増すことも指摘されており、衝突回避の技術向上が必須です。また、テロなどの故意に人に危害を加える行為や、産業スパイ・盗撮などの行為への悪用の防止について、法整備も含めて何らかの対応が必要となるでしょう。

Keyword _ 024

３Ｄプリンター

３次元のモノでも
そのままコピー可能に

> **What is it ?**
> ## ３Ｄプリンターとは？
>
> ３次元の物体に関するデジタルデータ（3D CADデータなど）を
> もとに、立体を造形する機器。

⬇ 解説

　３Ｄプリンターは1980年代頃から開発が始まったとされ
ますが、当時は技術も未熟で価格も極めて高額だったため、
実用には耐えないものでした。それがようやく実用のめどが
立ってきたのが、2010年頃からと言われています。

　３Ｄプリンターには、光造形法やインクジェット法などさ
まざまなタイプがありますが、基本は「**積層造形**」によって３
次元の立体を再生していきます。積層造形とは、図19に示し
たように、物体を水平方向に輪切りにしたものをどんどん積
み重ねていくイメージです。

図19 3Dプリンターの積層造形（インクジェット式の例）

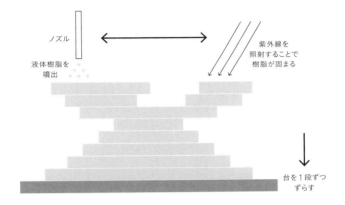

　医療検査で用いられるCTやMRIなどは、人間の脳や内臓の様子を輪切りの画像で表しますが、3Dプリンターはその反対に、輪切りにした平面図を積み重ねることで立体を造形する技術だと考えると分かりやすいでしょう。

　3Dプリンターは、製造業などで用いられている鍛造や切削といった作成方法とは異なり、中が中空のものでも造形することができます。たとえば、空気が入った風船の形の物体を作ろうとすると、既存のやり方では中をくり抜くことが難しかったため、2つのパーツを作って、それを接着させるしかありませんでした。しかし3Dプリンターを用いれば、このような構造のものでも簡単に作ることができます。

　また、3Dプリンターの場合、生産ロットが少量のもの、

さらに言えば1つひとつ微妙に特徴の違う製品でも、データさえあれば容易に作ることができます。そのため、試作品（プロトタイプ）を作ったり、それぞれカスタマイズされた商品を作ったりする際に威力を発揮するとされています。

　試作品の作成については、現時点でも応用が進んでいます。試作品を3Dプリンターで作り、実際に目で見て形状などが適切かどうかを判断したり、他の試作品と組み合わせてうまく噛み合うかどうか（例：歯車など）を見たりといったことを判断できるのです。

　スピーディに試作品を作ることを**ラピッドプロトタイピング**といいます。試作品を素早く作ることができると、外注コストの低減や全行程のスピードアップにもつながります。また、実際にでき上がった試作品をさまざまな観点から検討することで、よりコストパフォーマンスの高い製品の設計・開発につながることも期待されています。

3Dモデルがもたらすモノづくりの新たな形

　このメリットは、**モデル（模型）が重要な分野、具体的には建築・建設分野や医療分野で大きな役割を果たします。**たとえば建築の図面の場合、プロであればそれを見ただけで実際のイメージが湧くかもしれませんが、専門知識を持たない人はそれが難しく、イメージを共有した上でいろいろと議論することがなかなかできません。

　しかし、建物や部屋、庭などの個別部分のミニチュアを3Dプリンターで造形したものが手元にあれば、「こちらのデザイ

ンがいい」「こちらが機能面で優れていそう」といった議論を
しやすくなります。その他、発注主やユーザーに対するデモ
ンストレーションの用途に用いることもできます。

　医療の分野では、たとえばある患者の手術の計画を立てる
際に、3Dプリンターで造形したその患者の体を用意するこ
とができれば、実際の手術のイメージなどがしやすいはずで
す。また、医療教育の現場で教育用の素材として活用するこ
とや、一人ひとりカスタマイズが必要な医療器具の作成（例：
入れ歯や義肢）にも応用することができます。

　その他の用途としては、フィギュアの作成などがあります。
たとえばペット業界などで、愛犬が亡くなる前にそのフィ
ギュアが残せるというサービスなどがあれば、それを利用し
たいという飼い主も出てくるでしょう。

　これまで典型的な製造業は、設備投資などに多大な投資や
資源が必要で、それが競争優位性や参入障壁につながってき
ました。しかし、3Dプリンターや関連する技術が進化し、
また経営資源をうまくシェアすることができれば、それほど
の投資を必要とせずに、極端に言えば個人であっても、モノ
づくりをスタートできるようになるかもしれません。これは、
「クラウドマニュファクチャリング」と言って、今後の発展が
期待されている分野でもあります。

Keyword _ 025

フィンテック

旧来的な金融分野が
テクノロジーで一変する

What is it ?
フィンテックとは？

ファイナンスとテクノロジーをかけ合わせた造語で、金融分野における ITの活用を意味する。また、それに関する新事業や新サービスをフィンテックと呼ぶ場合もある。

⬇ 解説

　まだフィンテックという言葉がなかった1990年代、当時マイクロソフトのCEOだったビル・ゲイツ氏は、「**銀行機能は必要だが、銀行自体は必要ではない**」（Banking is necessary, banks are not.）と発言していました。

　確かに、送金や決済、あるいは貸し出しなど、お金にまつわる個別のタスクは不要になることはないでしょう。しかし、それをすべて銀行が担う必要はありません。近年ではテクノロジーを活用して、お金にまつわる新しい活動やサービスを

図20 フィンテック

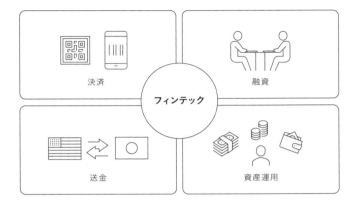

提供しようという機運が高まっています。

具体的なフィンテックの関連分野には、「**送金**」「**決済**」「**融資**」「**資産運用**」などが挙げられます。インステック(94ページ参照)や暗号通貨(74ページ参照)もフィンテックの一部として語られることがあります。ここでは特にフィンテック市場が先行している、上記の4分野について主に紹介していきます。

フィンテックが起こす「送金」「決済」革命

まず「送金」については、これまで個人間でお金のやり取りをするには、現金を手渡しするか銀行振込で行うのが一般的でした。しかし最近では、P2P技術を利用した個人間送金サービスが普及しつつあります。たとえば、アプリ上に自分の銀

行口座やクレジットカードを登録しておくことで、SNSで写真やスタンプを送るような感覚で、簡単に他者に送金することができるようになっています。銀行での送金に比べ、手数料が安くて済むのが大きなメリットで、海外に送金する場合などは為替の手数料が安くなることが多いのも魅力です。

　フィンテックの中でも現時点で最も市場が大きいとされているのが「決済」です。これまで、現金を使わない決済といえばクレジットカードが主流でした。しかし、クレジットカードを導入するためには、店舗側がカード会社に手数料を支払う必要があります。その他にも、審査が厳しい、専用機器が必要などの制約があり、利益率の低い店舗や小規模店にとっては導入するメリットをデメリットが上回ってしまい、クレジットカードを利用できない店舗が多数存在しました。

　そこで、スマートフォンやタブレット端末を使って代金を支払う「モバイル決済」が登場しました。このようなスマートフォンなどをかざしてQRコードを読み込むだけで決済できるサービスは、日本でもユーザーが増え続けています（80ページ参照）。こちらの場合もある程度の投資は必要となりますが、クレジットカードのそれに比べれば制約が軽いため、キャッシュレスの流れが進む中で普及度は高まっていくでしょう。

フィンテックが「融資」「資産運用」のルールも変える

「融資」については、既存の金融機関の場合、若い人や小規

模店など、信用力の低い人たちが融資を受けることは困難でした。一方、信用力の高い人たちの側には、貸し倒れリスクが低い分、金利を下げてほしいというニーズがありました。このようなニーズに応える融資系フィンテックが数多く登場しています。

　たとえば、通常の金融機関の審査手法ではなく、独自のアルゴリズムでSNSや通信販売の履歴から与信審査を行うことで、既存の金融機関から借り入れできなかった層に融資を行うといったサービスが登場しています。

　その他、2006年創業のアメリカのレンディングクラブは、お金を借りたい人と貸したい人とのマッチングサービスを提供しています。これによって、双方にとってよりスムーズな融資が進むことが期待されています。

「資産運用」では、たとえば顧客が投資の目的やリスク許容度などの質問にいくつか答えると、AIが自動でその人にあった投資先のポートフォリオを組むといったサービスが登場しています。これらは通常銀行などで販売されている投資信託に比べると、手数料などのコストは大きく下がります。

　以上で述べた4分野の他にも、家計管理や企業の財務管理、節税対策など、これまで銀行や専門家のサポートが必要だった分野が、どんどんテクノロジーを用いたサービスによって置き換わっています。

Keyword _ 026

インステック

保険はテクノロジーとの
相性が抜群

What is it ?
インステックとは？

保険（Insurance）とテクノロジーをかけ合わせた造語。保険分
野に特化したフィンテックのこと。

解説

　保険はその特性上、統計学と相性のいい分野です。なぜな
ら、とある一個人が事故に遭う・病気になる確率を算出する
のは難しくても、ある程度の規模の集団になれば、その中か
ら事故や病気がどの程度起きるかについて、過去の事例の分
析などをもとに計算が可能になるからです。

　実際、保険会社にはアクチュアリー（保険数理士）と呼ば
れる統計のプロがいて、新商品の設計や審査のメカニズムの
構築、保険料の設定などにおいて大きな役割を果たしてきま
した。つまり、これまでの保険というのは、基本的に統計学

的な根拠をもとにさまざまな判断を下していたわけです。

　それが最近では、IoTの発達によりもたらされるビッグデータをAIで解析することで、個人の特性を考慮した上で、保険の引き受けの是非の判断をしたり、それを保険料に反映させたりといった動きが進んできています。

　自動車保険の場合、これまでは過去の違反件数や事故歴、車に乗る時間などをベースに保険料が決められてきました。しかし、もし車やタイヤに装着されたセンサーからさまざまなデータを取ることができれば、それを保険料に反映させることが可能になるかもしれないのです。
　たとえば、「ハンドリングが拙い」「急ブレーキを踏む頻度が多い」などの傾向がみられる加入者については、保険料を高く設定する。その反対に、安全運転を行っている加入者については、保険料を下げるといったことが可能になります。

　その他、生命保険などにおいても、ウェアラブルを介してもたらされる健康に関するさまざまなビッグデータや、場合によっては遺伝子情報からその人の寿命を予測し、保険料に反映させることができるようになるかもしれません。

　これまでの保険業界の問題点の1つに、「**モラルハザード**」がありました。これは、保険に加入していることに安心して、本来行うべきリスク回避行動の頻度や注意義務の意識が低下することを指す言葉ですが、インステックによってこうした問題が減ることも期待されています。

Keyword _ 027

量子コンピュータ

異次元の原理で動くコンピュータが
計算の常識を変える

> What is it ?
> ## 量子コンピュータとは？
>
> 分子レベルの量子力学の原理を利用した、これまでのコンピュータとは全く違うメカニズムで動くコンピュータ。

⬇ 解説

　我々が現在用いているコンピュータはノイマン型コンピュータと呼ばれ、情報を1か0かという二進法＝ビットで処理します。一方、量子コンピュータは、「情報を1か0の重ねあわせの状態」で処理することで、高速計算を行います。

　これは、量子力学の基本である「重ね合わせの原理」を利用したものです。簡単に言えば、この「1でもあり0でもある」という重ね合わせの状態のまま情報を処理することで、同時並行的に計算を行い、指数関数的に計算の速度を高めたものが量子コンピュータです。

図21 量子コンピュータ

　たとえば、どのルートをとると最短の時間でより多くの取引先を回れるかという「セールスマン巡回問題」は、取引先数が増えると、現在のスーパーコンピュータでも容易に解は出てきません。また、暗号技術についても、巨大な素数を用いると解読に数万年単位の時間が必要となるため、暗号が暗号として機能しているのです。しかし、**量子コンピュータはその圧倒的な計算能力で、こうした計算を瞬時に行います。**

　応用例としては、創薬、気候の予測、サプライチェーンの最適化などさまざまな分野が挙げられています。ただし現状では、量子コンピュータは特定の課題解決にしか使えないという弱点があります。また2019年時点では、理論面が先行していて、実用に耐えうる量子コンピュータを作るには至っていません。これが実用化されるまでには、数年あるいは十数年の時間が必要だろうと予測されています。

Keyword _ 028

スマート工場／インダストリー 4.0

テクノロジーによって
旧来の工場が生まれ変わる

> **What is it ?**
> ## スマート工場／インダストリー 4.0 とは？
>
> スマート工場とは、IoTを活用し、高度な自動化がなされた生産性の高い工場のこと。インダストリー 4.0 は、ドイツで提唱された概念で、ITを活用して工場同士やサプライヤーなどとリアルタイム情報からチャネルや消費者の情報にいたるまで共有し、サプライチェーン全体、さらには産業全体で効率化を図っていく概念を指す言葉。第4次産業革命とも言われる。

⬇ 解説

　スマート工場は、さまざまなリアルタイムの情報（工場内にとどまらず、工場外の情報も含む）が取得され、それが速やかに関係各所で共有、分析されることで、次なるアクションにスムーズに移行することを目指すものです。

　たとえば販売部門に複数の顧客から注文が入れば、それが

図22 スマート工場

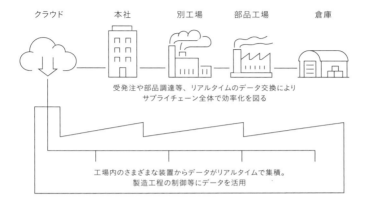

速やかに反映され、人間の指示がなくてもすぐに生産が開始されるといったものです。もちろん工場間の情報共有も逐一行われているので、共有されたデータの内容に応じて、生産する商品を適宜変更して最適化するということも可能になるでしょう。

スマート化が旧来的な製造過程を刷新する

スマート工場のメリットとしては、まずコストの低減や時間の短縮があります。先進国は一般に人件費が高いため、スマートでないモノづくりをしていては、コスト面でもスピード面でも新興国に負けてしまいます。単に人間をロボットで置き換えるだけではなく、リアルタイム情報を徹底的に活用してサプライチェーンの最適化を図り、無駄を削減することが必要となるのです。実際に工場をスマート化したあるメー

カーでは、生産工程のスピードが10倍以上も上がったという例が報告されています。

また、生産過程におけるビッグデータが取得できれば、それは品質改善や不良品の減少などにもつながっていきます。たとえばAIがビッグデータを解析した結果、ある商品について特定の湿度と気温の下では不良品が増えるという事実が導き出されれば、人間がそれに対処できることはもちろん、場合によってはその対応策まで自動化できるかもしれません。

スマート工場のもう1つのメリットは**多品種少量生産のオーダーに対応できる**ことです。現代は消費者の嗜好の多様化に伴い、今後ますます多品種少量生産が求められることが予測されています。その際に、人間が逐一手を動かし、その都度判断を行うような生産体制では、生産性は上がりませんし、ミスの可能性も高まります。

ゆえに、AIやロボットに任せた方がいいところは、徹底的に任せる方が賢明なのです。この点から考えるに、スマート工場は222ページで説明するテクノベート・シンキングの発展型と言えるかもしれません。

なお、多品種少量生産に対応する上で、スマート工場では、ライン生産とセル生産の良いとこ取りをした「ダイナミックセル生産」の方式を模索するケースが多いとされます。

インダストリー4.0の展望と課題

インダストリー4.0は、このスマート工場を前提としつつ、さらに産業全体における最適化を図ろうというものです。「4.0」という言葉には、蒸気機関、電力、コンピュータにそれぞれ主導された過去3回の産業革命に対し、その1段上を行く革命であることを意味しています。

この概念がドイツで発表された背景には、同国のGDPに占める製造業の比率が高く、その競争力の向上なくしては国際競争の中で生き残れないという思いがあったようです。またドイツでは、マイスター（匠）的な精神の強い中小工場が多く、それらをスマートにつなげることによる生産性向上を狙いたいという判断があったこともその理由とされます。

一方で現実としては、政府の後押しはあるものの、企業間での情報共有がなかなか進まないという問題点が指摘されています。これはハードウェアやソフトウェアの規格が揃っていないといった面もさることながら、他企業と情報共有することへの意識的なハードルの高さも原因になっているとされます。また、マイスター精神の高さゆえ、それを機械や非熟練労働者に受け渡すことへの抵抗などもあるようです。

日本でもインダストリー4.0を参考にした製造業の生産性向上が模索されていますが、ドイツと同様の問題に突き当たるのではないかということが懸念されています。

Keyword _ 029

スマートグリッド

リアルタイム情報が
電力業界に革命を起こす

What is it ?
スマートグリッドとは？

ITの力を活用し、需給両サイドから最適化を図る次世代送電網
を指す言葉。そのためのリアルタイムな電力の使用状況を計測す
る器具のことを、スマートメーターと言う。

⬇ 解説

　実はこれまで電力産業は、スマート化が遅れ、無駄やムラ
が多数発生している産業でした。そもそも価格設定は長年に
わたって規制の下で高止まりしており、メーターも従来のア
ナログ式のものでは、使用状況の正確な情報は取れていませ
んでした。

　電力会社の立場から見ると、トータルでの需要動向は分か
るものの、個別の顧客のリアルタイムの電力の使用状況を把
握したり、顧客ごとに採算が取れているかどうかを判断した

りといったことが非常にしづらい環境でした。もちろん使用者の側も、詳細な電気の使用状況の把握は容易ではありませんでした。つまり日本は、供給される電気の質や送電環境は整っていたものの、実はその使用状況のモニタリングがアバウトだったのです。

電気の「見える化」で日本のビジネスが変わる

そこで出てきたのがスマートグリッド、およびスマートメーターという概念です。これはスマートメーターによって電力のリアルタイムな使用状況を正確に把握することで、**供給する側、使用する側の双方にとって最も効率の良い需要と供給となるよう全体最適化を行う**、というものです。

たとえば、ある大手IT企業は、AIを用いてデータセンターの電力使用のビッグデータを解析し、10%超のコスト削減を成功させたといいます。この事例からも分かるように、これまでアバウトだった電気の世界にIoTやAIを導入し、送電や需要の最適化を図ることは、さまざまなステークホルダーに好ましい影響をもたらすのです。

現在、国内で支払われている電気料金は数十兆円単位になります。それが数％でも削減できれば、産業や環境に与える影響は無視できません。また、今後は電力供給における自然エネルギーの比率も高まっていくことが見込まれています。風力や太陽光など、発電が安定しない電力を有効に活用するためにも、スマートグリッドが求められているのです。

Keyword _ 030

自動運転

自動車が本当に
「自動」車になる日

What is it ?
自動運転とは？

人間が操作しなくても自動で動く、文字通りの意味の自動車のこと。自動走行車。

↓ 解説

　自動運転と聞くと、人間は車に乗るだけで、勝手に自動車が走ってくれるイメージを持たれる方も多いでしょう。ただ、実はこうした「完全自動運転」の実現はまだまだ先です。

　2019年時点で現実的な目標とされているのは、いわゆるレベル4と呼ばれる、「特定の状況下のみ自動運転システムが作動し、その条件が続く限りドライバーが関与しなくていい」というレベルです（図23）。ここでいう特定の条件とは、「諸設備がしっかりと整っている高速道路上」などを指します。つまり、一般道のようなあらゆる条件下において自動で走る

図23 自動運転のレベルと目標

レベル5 （完全自動運転） 無人運転	考え得るすべての状況下及び、極限環境での運転を システムに任せる状態。ドライバーの乗車も、ドラ イバーの操作のオーバーライドも必要ない	
レベル4 （高度自動運転）	特定の状況下のみ、加速・操舵・制動といった操作 をすべてシステムが行い、その条件が続く限りドライ バーが全く関与しない状態	現時点での 目標
レベル3 （条件付自動運転）	限定的な環境下若しくは交通状況のみ、システムが 加速・操舵・制動を行い、システムが要請した時は ドライバーが対応しなければならない状態	
レベル2 （部分自動運転）	システムがドライビング環境を観測しながら、加速・ 操舵・制動のうち同時に複数の操作をシステムが行 う状態	
レベル1 （運転支援）	加速・操舵・制動のいずれかをシステムが支援的に 行う状態	

国土交通省や米国運輸省道路交通安全局による定義

運転の実現は、まだまだ先が長いのです。

　自動運転のメリットとしては、滑らかな運転によるエネルギー消費の低減、事故の低減（特に高齢者ドライバーに関する事故）、他のサービスと組み合わせた交通渋滞の緩和（交通渋滞の状況を見てAIがその先のコースを判断し、ルートを最適化する）といったものが挙げられています。

　自動運転においては、44ページで紹介したパターン認識が非常に重要な技術となります。自動運転では、走行中に入ってくる画像を正しく判断することが何より大事だからです。交通標識や道案内、急に道路に出てきた人間や動物、雨などの気候の変化を正確に読み取り、速度を落とす、停止する、車線を変えるといった判断を、ほぼ100％の精度で行えるようになれば、自動運転のレベルは今より急速に上がるものと思われます。

Keyword _ 031

MaaS

移動手段の無駄も
テクノロジーで減らせる

What is it ?
MaaS とは？

移動手段をトータルのサービスとして利用者に提供すること。
Mobility as a Serviceの略。運営主体の枠を超えて、利用者
に最も利便性の高い移動手段の提供を目指していくという概念。

⊕ **解説**

たとえば、ある人が都内の自宅から地方の訪問先まで移動
する場合、さまざまな交通手段を用いることになります。飛
行機、新幹線、電車、バス、タクシー……。最近では、目的
地まで最短の時間や最安値で行けるルートを検索してくれる
乗り換えアプリなどが充実したこともあり、ルートを探す行
為自体は比較的容易になりました。

しかし、そこには通常タクシーの利用は入っていませんし、
ましてやライドシェアやカーシェアリングなどの要素は考慮

されていません。つまり、そこに表示されている以外にも、もっと最適なルートがあるかもしれないのです。

　MaaSは、このようなありとあらゆる移動手段の情報を統合し、個人の希望をスマートフォンなどに入力すれば、その希望に見合うような「**トータルとしての交通サービス**」を提供することを目指します。これが実現すれば、たとえば都内は公共交通機関で移動し、地方に着いてからは自動運転付きのシェアリングカーを利用したいといった細かな要望に応えることができます。また、料金もそれぞれの交通機関ごとに支払うのではなく、スマートフォン上で一括で行うことができるようになる未来像も描かれています。

　MaaSのメリットとしては、個人の時間の有効活用ができること、交通弱者（地方在住の高齢者など）を救済できることなどがあります。また、ビッグデータが蓄積されるため、交通機関そのものがサービスを向上させやすくなり、より最適化された交通網につながる（たとえば鉄道の場合は急行の本数を増やす、タクシーの場合は利用者の多くいる場所により多くのタクシーを向かわせる）ことも期待されます。

　一方で、飛行機と新幹線、あるいはタクシーとライドシェアのような競合するプレーヤー同士が、スムーズに情報を共有できるのかどうかといった懸念もあります。また、交通はちょっとしたトラブルや気象条件の変化などにより遅延や利用不能な状況が起こるため、リアルタイムにそれをどこまでカバーできるかなど、クリアすべき課題は少なくありません。

Chapter 3

Strategy

経営戦略

本章では、経営戦略の分野にIT等の進化がどのような影響を与えているのかを見ていきます。経営の分野の中でも特に大きなインパクトのある分野なので、基本をしっかり押さえておくようにしましょう。

Keyword _ 032

ネットワークの経済性

数が数を呼び、
圧倒的な差を生む

> **What is it ?**
> ### ネットワークの経済性とは？
>
> SNSや電子メール、電話などのネットワーク型のサービスにおい
> て、全体の参加者数が増えれば増えるほど個々の参加者の利便
> 性が増すために、顧客の獲得が容易になり、最終的にサービス
> 開発のコストなども急激に下がっていくこと。ネットワーク効果、
> ネットワークの外部性とも呼ばれる。アメリカの電話会社AT&T
> 社長のセオドア・ヴェイル氏らによって提唱された。

⬇ 解説

　ネットワークの経済性は、サービス提供者からみると、コ
ストは参加者数Nに比例する一方で、便益は参加者数Nの二
乗に比例する、などと表現されます。

　図24を見てください。ネットワークの価値が参加者の二
乗のペースで増すことを数字で確認してみましょう。

図24 ネットワークの経済性

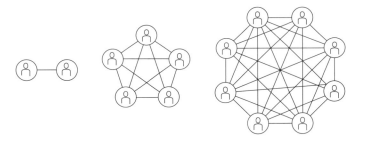

出典:グロービス著『グロービスMBAキーワード 図解 ビジネスの基礎知識50』

あるネットワークの参加者が仮に2人しかいなければ、連結線は1本しか引けません。このネットワークの価値はほとんどないと言えます。ところが、仮に参加者が100人になると連結線は$100 \times 99 \div 2 = 4,950$本、10,000人になると$10,000 \times 9,999 \div 2 ≒ 5,000$万本、参加者が100万人になると$1,000,000 \times 999,999 \div 2 ≒ 5,000$億本となります。つまり、参加者が100倍になるごとに、連結線の数はほぼ10,000倍と二乗のペースで増えていることが分かります。

ちなみに、フェイスブックなどの世界的なSNSは、すでに10億人を超えるユーザーがいるとされます。これを見ると、差別化のない後発の類似SNSが先行者を追い抜くことの難しさが容易に想像できます。逆に言えば、リンクトインやインスタグラムのような明確な差別化がないと、先行者に伍していくことはできないのです(インスタグラムはフェイス

ブックが買収しましたが)。

　ネットワークの経済性は、経営戦略においては、**ファースト・ムーバー・アドバンテージ (先行者利得)** をとることの重要性を説明したり、最大規模のプラットフォームを構築することの意義などを説明したりする時に使われます。一方で、独占や寡占を促しやすいなどの指摘もあります。

ITビジネスが「勝者総取り」になるわけ

　ネットワークの経済性は電話などの従来型のサービスでも効きますが、比較的安価にサービス基盤を提供しやすくスピード勝負となりやすいネットビジネスにおいて特に重視されています。この効果は参加者が少ないうちでも効きますが、特に**クリティカルマス (臨界点)** を超えると、潜在ユーザーにもその効果が見えやすくなることなどから、結果的にユーザーが増え、劇的に効果が表れるようになります。

　たとえばフリマアプリのメルカリは、創業当初から広告などに力を入れていましたが、その意味を取締役社長COOの小泉文明氏は次のように語っています。

「ミクシィのときも、メルカリもそうなのですが、1社が圧倒的にシェアを伸ばしていくと、そこに人や情報が集中していき競争優位性が生まれ、2位以下を大きく突き放すことができる。ネットサービスの世界はそのような構造が生まれやすい世界なのです。メルカリもサービス開始当初からマーケ

ティングに相当な力を入れてユーザーを獲得してきました。
私たちは既にいくつかのサービスが生まれている中で開始し
た後発サービスなので、かなりのスピード感をもってユー
ザーの獲得に力を入れてきましたね」(「マーケのネタ帖」
2016年10月28日)

　なおネットワーク効果は、戦略論の文脈では、正のフィー
ドバックが取り上げられることが多いですが、負のフィード
バックもあります。分かりやすい例は交通渋滞で、いったん
小規模な渋滞が生じると、その後の渋滞は加速度的に大きく
なっていきます。いずれのフィードバックも、加速度がつく
と一気に大きくなるからこそ、最初のきっかけの部分が大事
なのです。

Keyword _ 033

限界費用ゼロ社会

コストの急激な低下が
ビジネスを劇的に変える

What is it ?
限界費用ゼロ社会とは？

限界費用とは、ある程度の数の製品を製造・販売した後の、追加1単位当たりの製造・販売コストのこと。さまざまな財における限界費用がゼロに近づいた社会を限界費用ゼロ社会という。ジェレミー・リフキンによって提唱された。

⊕ 解説

　限界費用とは、たとえばすでに1000ユニットの製品・サービスを製造・販売した場合に、1001ユニット目の製品・サービスを製造・販売するコストを指します。1万ユニットまでいったら1万1ユニット目、10万ユニットまでいったら10万1ユニット目……と、数がどれだけ増えても同じ考え方をします。数学的にいえば「微分」に相当するものであり、数量に対する総コストを曲線で表した時、限界費用はその時点での接線の傾きに相当します（図25）。

図25 限界費用の考え方

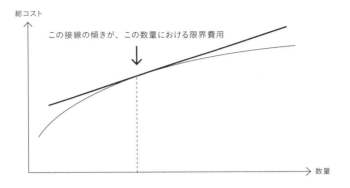

　限界費用が早い段階でゼロに近くなる財にデジタル財があります。ITソフトなどがその例です。デジタル財は物理的な実体をともなう「モノ」とは異なり、その複製・移動・保存にほとんどコストがかかりません。**つまり一度でも先に投資してそれを作ってしまえば、あとは追加コストほぼゼロで複製・移動・保存ができる**ということです。しかもモノとは異なり、非競合性（皆が同時に利用できる）という特性もあります。それゆえ、初期投資を分散できる規模の大きなプレーヤーが非常に高い利益率を享受できる可能性が高まります。だからこそ、企業は110ページで説明したネットワークの経済性を活用し、極力早期に規模化しようとするのです。

　その成功例がかつてのマイクロソフトのWindowsです。開発には非常に多額のコストがかかりましたが、あっという間に初期投資分を回収してしまい、あとはコピーした分だけ

そのまま儲けになるといった感じでした。

　音楽ソフトなどもデジタル化しやすく、いったんデジタル化されると複製・移動・保存のコストはほぼゼロです。財のデジタル化がいち早く進んだアメリカの音楽業界では、それまでCDなどの印税で儲けていたアーティストは、デジタル化によって印税収入が減り（人々が20ドルのアルバムではなく、1ドルのシングル曲を買うようになったことなどが原因）、ライブによる収入で儲けるようになっていったという変化が起きました。これらは事業経済性の変化にともなう業界のビジネスモデルの変化と言えます。

モノやサービスもゼロコスト化する?

　提唱者のリフキン氏は、**限界費用のゼロコスト化は、デジタル財のみならず、モノの世界にもどんどん浸透していく**と主張しています。その鍵を握るのは、IoTの進化、自然エネルギーを活用した低コストの電力、極めて安価な3Dプリンターなどだと彼は言います。これらの進化によって、製造や物流のコストが限りなく小さくなると同時に、モノの希少性もどんどん失われることから、モノやサービスの値段もどんどん低くなるというのが彼の予測です。

　また、ゼロコスト化が進んだ教育サービス（例：オンライン教育など）が世界中に普及することで、極めて多くの人が高い教養や思考力を得ることが可能になります。

　これらの結果として、現在の資本主義経済、消費刺激型の経済は大きな影響を受け、プロシューマー（生産消費者）中

心の、社会の持続性を意識したシェアリングエコノミーに転換していくというのです。

　夢物語のような世界にも見えますが、昨今、想定外のスピードでコストが下がっている製品・サービスは数多くあります。たとえばDNAの塩基配列（シークエンス）の読み取りは、十数年前はヒト1人につき、億単位の費用がかかりましたが、いまでは数万円程度に下がっています。これを利用すれば、たとえば親子鑑定のみならず、どのくらい遠い親せきかといったこともすぐに分かります。このようにコストの急激な低下は、人々の欲求や製品・サービスに大きな変化をもたらしうるのです。

　ただ、リフキン氏の描く限界費用ゼロ世界の前提となるゼロコストの電気や、極めて安い3Dプリンターなどの実現はまだまだ先の話です。電気については、特に日本の場合は自然エネルギーの比率が低く、業界のスマート化が遅れているという事情もあります（102ページ参照）。

　また、モノに対する希少性が本当になくなるのかも疑問があります。企業側はやはり何かしらの方法で（情緒的価値を打ち出すなど）、価値を高める努力をするでしょう。実際のところ、体験に比べてモノの価値が下がっていくという流れはあるにせよ、そのバランスの変化は慎重に見極める必要があります。

Chapter

3

経営戦略

117

Keyword _ 034

プラットフォーム

IT 時代における最強の
「勝ちパターン」とは

What is it ?
プラットフォームとは？

プラットフォームとは、情報やサービス・商品がやり取りされる場、
環境のこと。ユーザーグループの数に応じて、ツー・サイド・プラッ
トフォーム、マルチサイド・プラットフォームなどの種類がある。プ
ラットフォームをビジネスモデルの中心に据えている企業をプラット
フォーム企業という。

⬇ 解説

　2019年現在、世界の時価総額ランキングの上位を占める
のは、まさにプラットフォーム企業であるグーグル（アルファ
ベット）、アップル、フェイスブック、アマゾンなどです。こ
の4社の頭文字をとったものを **GAFA** といい、巨大なプラッ
トフォーム企業の代名詞となっています。

　これにマイクロソフトを加えて GAFMA と呼んだり、さら
にアリババとテンセントを加えてセブンシスターズと呼ぶこ

図26 プラットフォームの特徴

補完財となる事業者がいる	利用する事業者を、いかに質・量ともに自陣営に取り込めるかが戦略的カギ
取引やコミュニケーションで価値を創出	エンドユーザー、利用事業者それぞれにとっての利便性向上を追求するため多大、かつ継続的な投資を要する
ネットワーク効果が働く	特定のプラットフォーム企業による「勝者総取り」となりやすい。クリティカルマスを超えるスピードが勝負
ITと親和性が高い	新しい技術の応用に積極的

ともあります。また、中国の3社（バイドゥ、アリババ、テンセント）をBATと呼ぶこともあります。

　プラットフォームやそれを用いたプラットフォームビジネスが昨今注目を集める背景には、一定の規模を越えると急速にネットワークの経済性が働き、極めて小さな追加コストでプラットフォームの規模が大きくなるという特性があります。その特性ゆえに、巨大なプラットフォームを構築できたプレーヤーだけが「Winner Takes All」の状態となり、莫大な企業価値を実現するのです。

　たとえば何か商品を買いたい場合、ジャンルを問わず最も多くの出品数(中古品なども含む)を検索できるアマゾンのサイトを、消費者はまず訪問するでしょう。これが進むにつれ、アマゾンのユーザーが増えていくことになります。また、モノを売ろうとしている企業の側も、たくさんのユーザーがい

るサイトの方が好ましいので、ますますアマゾンに集まることになるのです(アマゾンには、こうした業者向けのAmazonマーケットプレイスという仕組みがあります)。

ビッグデータがもたらす揺るがぬ優位性

巨大なプラットフォームを持つ企業の時価総額が高くなるもう1つの大きな要因は、**そこで生じるビッグデータをプラットフォーム企業が把握できる**ことにあります。たとえばアマゾンであれば、「ある個人が、いつ、どこで、どのような商品を、どのようなルートをたどって買ったか」の情報をすべて手にできます。それを有効活用することで、ビジネスの競争上で優位に立ったり、顧客からの生涯にわたる売上げ(顧客生涯価値:LTV)を最大化できると考えられているのです。実際に、アメリカのトイザらスを倒産に追いやった玩具販売の競争でも、ビッグデータが活用されたと言います。

また、数々のベンチャー企業がエグジット先としてこれらのプラットフォーム企業を見据えており、そうしたベンチャー企業を吸収してますます利便性を高めつつ大きくなる、という循環に入っていることなども指摘されます。

巨大プラットフォーム企業は、数億～数十億人以上の正確な顧客データを持っていることも特筆すべき点でしょう。これは、その気になれば国家以上に強い力を発動できることを意味します。また、悪用されればある一国の政治のみならず国際関係にすら大きな影響を与えることにもなります。2016年のアメリカ大統領選挙にフェイスブックが悪用され

た可能性が指摘されましたが、これはその一例といえるでしょう。

近年ではそうした状況に懸念を感じる国々、特にEUがGDPR（一般データ保護規則）というルールを定め、GAFAとの対決姿勢を鮮明に打ち出して対抗しています。GAFAの本国であるアメリカでも、これらのプラットフォーム企業が大きくなりすぎたことへの懸念は広がっており、これまでと同様のペースでGAFAが成長できるかは不透明な状況になりつつあります。

Keyword _ 035

優遇ユーザー／課金ユーザー

プラットフォームの構築は
2種類のユーザーからなる

What is it?
優遇ユーザー／課金ユーザーとは？

優遇ユーザーは、ツー・サイド・プラットフォームにおいて、無料
でそのプラットフォームを利用するユーザーのこと。フェイスブック
やLINEの一般のユーザーが典型的。一方、課金ユーザーは、
費用をかけてでもそのプラットフォームを利用するユーザーのこと。
フェイスブックやグーグルに広告を出す広告主がその典型。

↓ 解説

　ユーザーグループが2種類存在するプラットフォームを、
ツー・サイド・プラットフォームと呼びますが、その2種類
のユーザーの多くは、この優遇ユーザー／課金ユーザーで区
分されます。一般的には個人が優遇ユーザー、法人が課金ユー
ザーとなることが多いです（一方食べログのように、個人に
対しても法人に対してもフリーミアムモデル（204ページ参
照）を採用している例もあります）。

優遇ユーザーから見ると、プラットフォームのサービスは一見無償に見えるものの、広告の対象になっていたり、フリーミアムモデルの有償サービスの潜在的対象となっていたりすることが多くあります。

　一方の課金ユーザーから見ると、広告・宣伝などにおいては優遇ユーザーが多い方が好ましいため、プラットフォーム企業は早期に一定規模の優遇ユーザーを獲得するために努力します。また、その過程で収集される行動データも、企業にとっては次のサービス開発やマーケティングの重要な資源となります。つまり、優遇ユーザーは無料で利用できると思っていても、中期的に見れば「タダより高くついている」ことも多いのです。

ユーザー同士の相互作用で拡大が加速する

　プラットフォームは優遇ユーザーが集まることによるネットワークの経済性によって自然に大きくなる傾向がありますが、同時に課金ユーザーからもたらされるキャッシュをアルゴリズムやユーザーインターフェイスの改良などに投資して顧客満足を高めることも、その後のプラットフォームの拡大には不可欠です。それゆえ、課金ユーザーを集めるマーケティングにも力を入れますし（サービスの開始直後は対人の営業を愚直に行うことも少なくありません）、124ページで紹介するアマゾンのように、資金供与を行うこともあります。

Keyword _ 036

アマゾナイズ

アマゾンに標的にされたら
一巻の終わり?

> **What is it ?**
> ## アマゾナイズとは?
>
> ①ある分野がアマゾンによって席巻されてしまうこと
> ②隣接する業界がアマゾンによって取り込まれてしまうこと
> ③生活の隅々までアマゾンの製品・サービスが行き届き、人々が
> 　それなしでは生活できなくなること
> ①の例としては小売業、②の例としては決済やBtoB融資、放送
> などが挙げられる。アマゾン化

⬇ 解説

　アマゾナイズという言葉はさまざまな意味で使われますが、共通しているのは、アマゾンはますます「便利」「安価」「スマート」になることで、競合企業の存在価値をどんどん小さくし、場合によっては倒産に追い込むということです。

　その根底にある発想は、**目先の利益を削ってでも利便性に**

図27　アマゾナイズ

通信、水道光熱、金融、衣食住
……生活の隅々に浸透していく

先行投資し、とにかくユーザーをファンにしてしまう点にあります。極めて速い配送スピード、さまざまなサービスのワンストップ化、各カテゴリーの品揃えの豊富さなど……。こうして一度ユニークユーザーの数を増やしさえすれば、その顧客生涯価値（LTV）はプラスになるので、将来的にアマゾンは多額のキャッシュを稼げるはずだという考えです。

たとえばアマゾンで書籍の新刊を買おうと検索すると、同時に中古書籍も表示されます。これは通常の書店ではまずできないことですが、アマゾンは顧客の利便性のため、目の前の利益が多少減っても、こうしたサービスを行うのです。

また、アマゾンのプラットフォームを利用する販売業者にも、資金提供をはじめとする豊富なサービスを提供しています。こうして一度アマゾンの利便性に慣れてしまうと、離れることが困難になる、というのがアマゾンの戦略なのです。

Keyword _ 037

エコシステム

「企業対企業」の競争は
もう古い

What is it ?
エコシステムとは？

企業や人が「群」として集まり、分散している場合よりも高い生産
性を生むような「状態」や「場」を指す言葉。シリコンバレーのよ
うな地理的空間を指すこともあれば、ある企業を中心とした強い
関係性の構造を指すことも多い。元々は「生態系」を意味する生
物学の専門用語。

⬇ 解説

　一般の製造業以上にエコシステム化が進んでいるのが、
ネットワークの経済性が効きやすいIT業界です。たとえば、
GAFAをはじめとするプラットフォーム企業は、多数のソフ
ト・サービス開発業者を引きつけることで、さまざまなビジ
ネスチャンスを生み出しています。

　このタイプのエコシステムでは、まさにグーグルが典型的

図28 エコシステム

典型的なエコシステム構築企業の例

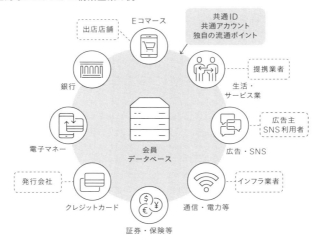

な例ですが、**自社がエコシステムの中心に位置し、「そのサービスを使わないことにはビジネスにならない」という状況を作ることが、企業にとっての理想像**です。そのために企業は、オープンソース（インターネット上でソフトウェアのソースコードが公開されること）のプログラムや開発ツール、APIなどのサポート環境を提供することで、パートナー企業が自然と集まってくるように仕向けています。それがエコシステムの価値を増し、最終的には自社の価値を増すことにつながると考えているからです。

このエコシステムには顧客も強く関係しています。特にBtoBビジネスでは、プラットフォーム企業の作った交流サイトなどに顧客が投稿したり、プラットフォーム企業の主催す

るカンファレンスに大勢の人が集まるといったことがよくあります。そこで企業側はサービス改善のヒントを得られますし、顧客側もより良い使い方のヒントを得ることができるので、Win-Winの関係が構築されていくのです。

「集積の力」がイノベーションを生む

エコシステムには地理的な要素も大いに関係します。その最も成功している例は、IT企業が集うアメリカ西海岸のシリコンバレーや、最近では中国の深圳などでしょう。シリコンバレーは、近隣のスタンフォード大学の出身者が、この地でエレクトロニクス企業やその後の半導体・コンピュータ企業を創業し、関連する企業や人が集まって誕生したと言われています。

多数のIT企業や、関連する補完財の提供者、その他にも元経営者やベンチャーキャピタリストなど、資金と知恵と人脈を持った人々が多数集まることで、ますます起業家を引きつけてエコシステムを強化・拡大する好循環にあるのです。

日本には、シリコンバレーに匹敵するほどの強いエコシステムはありませんが、クラスター（集積地）と呼べる程度の地域は存在します。たとえば製薬・バイオ業界では、大阪を中心にした関西地域がそうです。大阪の薬問屋の伝統を引きつぐ大手製薬メーカーや、京都大学、大阪大学といった医学・生物学分野に強い教育・研究機関があることなどから、国内最大規模の医療関連企業クラスターができています。

IT分野では、一時期渋谷を日本のシリコンバレーにしよう

という動きもありましたが、そこまでの進展はしていません。

「良いエコシステム」とは

エコシステムのパフォーマンスをどのように考えるべきかについてはさまざまな主張がありますが、有名なのは、マルコ・イアンシティが提唱した以下の3つの要素で検討・測定するものです。

1．生産性

技術などのイノベーション資源を、低コストで新商品開発につなげていく力。代表的な指標にROIC（投下資本利益率）がある。

2．たくましさ

技術革新などの突然の環境変化にも耐えうる力。測定指標としては、エコシステム内のメンバーの生存率などがある。

3．ニッチの創出

エコシステム内で新しい役割＝ニッチが継続的に生まれるような多様性の度合い。指標としては、新企業が生まれる数や、新製品、新製品の数などがある。

いずれにせよ、単一の企業同士で競争する時代は終わり、エコシステムによるWin-Winの関係が今後の経営戦略の鍵になっていくと言えそうです。

Keyword _ 038

レイヤー

同じ商品・サービスでも、
押さえるべき階層を間違えるな

What is it?
レイヤーとは？

特にプラットフォームビジネスにおいて、サービスの階層化が起こる時に生じた各階層のこと。ある産業においてレイヤーができていくことをレイヤー化という。

⊍ 解説

　レイヤー化が生じた産業では、製品やサービスを1社がまとめて提供するということがなくなり、製品やサービスを構成するパーツごとに別の企業・ブランドがそれを提供するようになります。結果として、ユーザーはその産業の提供する機能を利用するために、パーツごとに商品・ブランドを選んで購入し、それらを組み合わせて使うことになります。

　その際に企業側は、**顧客にとって、あるいは収益を上げる上で重要なレイヤーを押さえられるかどうかがポイントにな**

図29 iPhoneのレイヤー

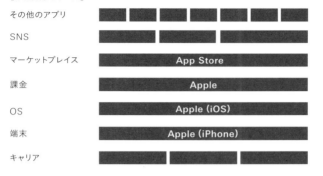

出典：グロービス著『グロービスMBAキーワード 図解 基本ビジネスフレームワーク50』

ります。強いプラットフォーム企業は、まさにこの重要なレイヤーを押さえている場合が多いからです。

レイヤー化が進んだ典型的な製品・サービスは、スマートフォンです。かつては、携帯電話業界においては「キャリア」が重要なレイヤーでした。つまり、キャリアを押さえている企業の影響力が強い一方で、その他のレイヤーを押さえている企業、たとえばメーカー等は「携帯電話を売ってもらう立場」に甘んじていました。

しかし、アップルがiPhoneを出した瞬間から、重要なレイヤーはキャリアから「アップル」に移りました。iPhoneのレイヤーを図示すると図29のようになります。

ここでのポイントは、ユーザーにとってキャリアは（料金を別とすれば）どこでもよく、真に価値があるのはアップルの提供しているレイヤー部分だということです。

具体的には、端末そのものの扱いやすさやデザイン性もさることながら、「iOS」というOSを提供し、また「App Store」という場を作ったことが重要でした。

　たとえばアプリの作成者の視点からすると、当然ユーザーの多いiPhoneで動くアプリを作ろうとします。そしてそれをApp Storeで売るわけですが、その際に30％の「テラ銭＝場代」がアップルに入るのです。無料アプリの場合でも、アプリ内課金があると、やはりアップルに初年度30％、2年目以降15％のテラ銭が入ります。

　アプリの作成者からすると決して少なくない出費ですが、アプリを多くのユーザーに使ってもらうためには、シェアの高いiPhoneを無視することはできないため、この出費を甘受せざるを得ないのです。

　事実、多くのユーザーへの浸透を目指すアプリは、アップルのiOSやグーグルの「AndroidOS」に対応しています。このように、同じ業界にいても、どのレイヤーを握っているかで企業の影響力は大きく変わってしまうのです。

OSというレイヤーで成功したマイクロソフト

　水平分業がいち早く進んだパソコン業界も、レイヤー化が早期に進んだ業界と見ることができます。たとえば1980年代は、日本のユーザーの多くはNECの98シリーズを購入していました。つまり、この時はパソコンのOSとハード、さらには一部のソフトを同時に購入していたわけです。

一方、アメリカではIBM互換パソコンの登場に伴い、重要なレイヤーを握ったのは標準OSに指定されたマイクロソフト（当時のOSはMS-DOS）でした。ユーザーは、マイクロソフトのMS-DOSさえ搭載されていれば、IBMのハードを買う必要はなく、各種ソフトを動かすことができました。つまりユーザーにとって最も重要なレイヤーは、ハードでもソフトでもなくOSだったのです。

　ここでマイクロソフトが巧みだった点は、OSの価値をさらに上げるために、ソフトハウスにどんどんアプリを作るように促した点です。時には資金の援助さえもしました。多くの良いアプリが使えることは、パソコン、さらにはOSの価値も上げるという発想です。

　そして非常に汎用的なアプリについては、OSと一体化するということも始めました。具体的には、メーラーやWord、Excelといったアプリです。これが標準装備されていることはさらにそのOSの価値を上げ、ますます圧倒的な地位を築くに至ったのです。

　そんな同社も、近年はパソコンからスマートフォンへという流れの中で若干苦戦を強いられています。しかし、その中でもiPadにWindowsを搭載したり、タブレット端末のSurfaceを自ら扱い、Windowsに触ってもらう機会を増やすなどすることで、反撃を試みています。

Keyword _ 039

ロングテール

ニッチ商品が中心でも
ビジネスとして儲けられる

What is it?

ロングテールとは？

主にインターネットを介した通信販売等において、マイナーなニッチ商品の販売額の合計が、メジャーなヒット商品の販売額の合計を上回る現象。

⬇ 解説

　ビジネスシーンでは、上位2割の要素が全体の8割を占める「**パレートの法則**」という経験則があります。たとえば、ある会社の売上げの内訳を見ると、「上位2割の製品で売上げの8割」「上位2割の顧客で売上げの8割」といったことがたびたびあります。しかし、ITを活用することで、既存の構造とは異なる結果をもたらしたのが、このロングテールです。

　ロングテールの「テール」は動物の尾を指します。販売数量順に並べたパレート図（図30）を描くと、ヒット商品が恐竜

図30 ロングテール

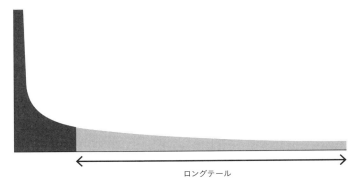

出典：クリス・アンダーソン著『ロングテール』

の長い首（ヘッド）、ニッチ商品が長い尾（テール）に見えることから名づけられました。2004年10月に、当時、米国『WIRED』誌の編集長であったクリス・アンダーソン氏が、自筆の記事「The Long Tail」の中で、アマゾンやネットフリックスの成功を説明する際に使ったことから有名になりました。

　特に、売り場面積や在庫スペースなど物理的な制約の多い小売店と異なり、無限ともいえる「売り場スペース」を持てるネットビジネスでは、少量多品種の商品を容易に扱えます。実在庫は持たずに商品をデータベース上にのみ登録する、あるいは地代が安価で物流のハブにしやすい場所に在庫スペースを設けるなどの工夫によって流通コスト・在庫コストを低減できます。これによって、ニッチ商品を数多く集め、ヒット商品の大量販売に依存することなく収益を上げるビジネスモデルの構築が可能となったのです。

Keyword _ 040

イノベーションのジレンマ

「正しく」経営するからこそ
企業は滅びる

What is it ?
イノベーションのジレンマとは?

イノベーションのジレンマとは、優良企業がハイエンドの顧客の声に耳を傾け、そのニーズに応えようとしたがために過剰スペックになり、市場のメインストリームに躍り出たローエンドの破壊的技術（破壊的イノベーション）に追いやられる現象のこと。

解説

　破壊的技術は、多くの場合、既存製品よりも性能面は劣るものの、低価格であったり簡単に操作できたり、小型であったりといった特徴を持つ技術として登場します。既存のメイン顧客とは別のローエンドの顧客から支持される形で普及し、いつの間にか隆盛を誇ったハイエンドの技術を追いやる、という事実が指摘されています。

　ハーバード・ビジネススクール教授のクレイトン・クリス

図31 イノベーションのジレンマと破壊的イノベーション

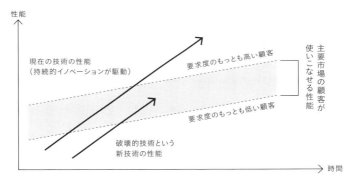

出典：クレイトン・クリステンセン著『イノベーションのジレンマ』

テンセン氏は、このローエンド型の破壊的技術が市場を席巻していく現象を分析し、「**偉大な企業はすべてを正しく行うがゆえに失敗する**」という逆説的な見解を示しました。そのメカニズムをシンプルにまとめると、次のようになります。

1．優良企業は、特に先進的な顧客の意見に耳を傾け、彼らが求める製品やサービスを開発・提供し、そのサービスを改良するために新技術(持続的技術)に積極的に投資を行います。優良企業はそうして競争優位性を維持し、成長を続けます。優良企業内で働いている優秀な社員も、通常はハイエンド向けの仕事をすることに満足感を覚えるため、この構造はそう簡単には変わりません。一方で、時としてローエンドの市場を狙った破壊的技術が現れてきます。

2．主流顧客は、性能の高い技術を評価するがゆえに、破

壊的技術に対して当初は目を向けません。したがって、その主流顧客を相手にする優良企業も、その技術を導入しません。破壊的技術は通常、低性能、低価格という特徴を有するために利益率も低く、優良企業にとってその技術を取り込むインセンティブは短期的にはないからです。メンタル的にそうした技術を下に見る傾向が強いこともそれに輪をかけます。しかし、そうした技術を好むローエンド顧客は一定数いるため、いつの間にかそうした技術がある程度の地位を占めるようになります。

3. しばしば技術進歩のペースは、主流顧客が求める性能向上のペースを上回ります。そうなった時、破壊的技術は主流市場の中心に躍り出て、競争力やシェアを持つようになります。既存の持続的技術で成長を重ねてきた優良企業が、その破壊的技術の脅威に気づき、投資を始める頃には、すでに手遅れになっており、有効な対策を講じることができません。こうして優良企業の技術は特定のハイエンド需要にしか応えられなくなり、売上げも低下していくのです。

なお、ある業界や市場を破壊するような技術全般を破壊的技術と呼ぶこともありますが（例：ポケベルに対する携帯電話の技術）、クリステンセン氏は、ここまでに説明したような「最初にローエンドからスタートする技術」を特に破壊的技術と呼んでいます。

クリステンセン氏は、イノベーションのジレンマが起こった典型的な業界として、HDD（ハードディスクドライブ）業

界を挙げています。最初に5インチのHDDが現れた時は、当時のミニコンには全く対応できないローエンドの製品でした。しかし7年ほど後には、その市場の大部分を奪ってしまったのです。

その後投入された3.5インチのHDDはポータブルパソコン向けで、通常のパソコンの使用には多少難がありましたが、これも数年でパソコン向けのメインの製品となりました。

「技術」ではないですが、破壊的イノベーションの考え方が援用できるのが小売業の世界です。最初はディスカウンターとして登場した業態も、顧客の声に応える結果、往々にしてサービスレベルや価格は上がっていきます。そこに新しいディスカウンターが付け入る隙が生まれ、メイン市場は新しいディスカウンターに席巻されていくのです。

このように、破壊的技術とイノベーションのジレンマはあらゆる業界に登場する可能性があります。ローエンドの技術を低く見るのではなく、懸命に追いかけてくる、手ごわい強敵になる可能性のあるライバル候補と見る謙虚さが必要です。

Keyword _ 041

ジョブ理論

結局、顧客が済ませたい
用事って何？

What is it ?
ジョブ理論とは？

ジョブとは、ある人が特定の状況下で成し遂げたい事柄。ジョブ
理論は、人々が個々のジョブを達成するために、適宜製品・サー
ビスを消費＝ハイア（Hire）すると考える学説。

⊕ 解説

　ジョブ理論では、たとえばジムに行く人は、「体重を一定レ
ベルまで下げる」というジョブ（用事）を片付けるためにサー
ビスを利用していると考えます。ジョブは一見ニーズに近い
言葉ですが、ニーズそのものを発生させるものがジョブであ
り、情緒的な側面も考慮されたものになります。

　ジョブ理論で重要なポイントは、**消費者が特定の製品・サー
ビスを利用した理由に徹底的にこだわる点**です。先ほどのジ
ムの例であれば、他の代替サービスとして、自分で運動を行

図32 ジョブ理論

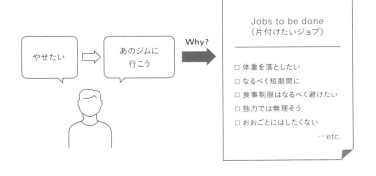

う、食事の量を減らす、脂肪吸引手術を行う、などの選択肢があったはずです。しかし、自分で運動や減量をするのは意思の弱さを考えると結果が出るかどうか分かりませんし、脂肪吸引手術は値段が高く、ちょっと大げさです。

これらを勘案した上で、「お金を払うことで、モチベーションが続きそう。マンツーマンのトレーナーもつくから、素人療法にもならないはず」と当該の消費者が判断し、そのジムを利用した、と考えるのがジョブ理論の発想です。

ジョブ理論は単なる相関関係ではなく、因果関係を重視する点も重要です。これは、因果関係よりも相関関係を重視した近年のレコメンデーションなどに対するアンチテーゼとも言えます。顧客の片付けるべきジョブを理解した上で、それを満たす製品・サービスを提供しようというアプローチは、当たり前のようでいて実は斬新とも言えるのです。

Chapter 4

Marketing

マーケティング

本章では、顧客と関係を構築し企業に
キャッシュをもたらすマーケティングに、IT
等の進化が与えている影響を見ていきま
す。年々その実用性が向上している分野の
ため、その理解は必須と言えます。

Keyword _ 042

データ・ドリブン・マーケティング

データなきマーケティングは
ただの博打にすぎない

What is it?
データ・ドリブン・マーケティングとは？

データを総合的に分析し、徹底的に活用したマーケティングのこと。

解説

　元々マーケティングとは、社内のデータベースなどに蓄積された顧客データや調査データなどを積極的に活用する経営分野でした。それが、近年のIT技術の進化やセンサーの小型化、低価格化によってビッグデータが入手可能となったことなどに伴い、ターゲティングの粒度がきめ細かくなり（例：**ワン・トゥ・ワン・マーケティング**など）、取るべきアクションを個々の人物や店舗に応じて変えることができるようになるなど、その次元が上がっている点がポイントです。

　それをうまく活用している典型が118ページでも触れたプラットフォーム企業のアマゾンやフェイスブックです。たと

144

えば、フェイスブックに出てくる画面広告の内容は一人ひとり異なっています。過去の閲覧履歴や検索履歴、「いいね」の履歴などを反映して、ピンポイントでその人に関心がありそうな広告が出るようにアルゴリズムが組まれています。

リアル企業でも、たとえばアメリカのある小売業は、個店単位で顧客の購買行動特性や属性を分析し、その後のアクションに反映させています。たとえば、ある店で一人暮らしの高齢者の購入量が多いという結果が出たなら、その層の顧客に響く品揃えに寄せていく、あるいはその層に向けてクーポンを送るなどの施策を打つのです。

データ・ドリブン・マーケティングへの課題

なお、データ・ドリブン・マーケティングを推進するためには、**データベースの充実やシステム投資が前提**となります。激増する顧客情報を効果的にデータ化して管理し、専用マーケティングソフトなどを活用することで、顧客との関係を深めるのです。

多くの企業でよく問題とされるのは、社内に複数のデータベースが併存しており、それらの内容を同期して管理できていないというものです。また、属性データなどについては、更新が後手に回るというケースも少なくありません。つまり、せっかく顧客データが取れても、それらを統一して管理できていないのです。効果的なシステム投資とあわせ、今後の課題となると予想されています。

Keyword _ 043

顧客経験価値

単なる実利的価値を超えた
「体験が生む価値」を重視せよ

What is it?
顧客経験価値とは？

ある商品・サービス自体の金銭的・物質的価値ではなく、それ
を実際に利用した際の心理的・感情的な価値。顧客体験価値と
言う場合もある。

↓ 解説

　特に先進国において、経済が成熟してモノが行きわたり、
モノそのものへの欲求が相対的に低下したことから、顧客は
より包括的かつ情緒的要素の比重の高い経験(体験)の価値を
重視するようになっています。それに対応して、**マーケティ
ングも顧客の経験を最大化する方向にシフトしています。**

　たとえば、企業側は、単に購買後の消費のみではなく、そ
の製品・サービスを知った後のあらゆるタッチポイント（148
ページ参照）における経験の価値を高めることで、顧客との
リレーション強化を図るようになってきています。これを顧

客経験価値マネジメントと呼びます。

では、顧客経験価値はどのような要素から構成されているのでしょうか？　この分野の泰斗であるバーンド・シュミット氏は、SEM（戦略的経験価値モジュール）というフレームワークを提唱し、次に示す5つのタイプの経験価値が、トータルとしての経験価値を形成すると唱えています。

1．Sense（感覚的価値）

いわゆる五感を通じて感じる価値。CMに用いる音楽が変わるだけでも、顧客の感覚的経験価値は変化します。

2．Feel（情緒的価値）

愛着や感情移入などの価値。地元のスポーツチームなどはどれだけ感情移入できるかといった情緒的経験価値が非常に重要になります。

3．Think（創造的・認知的価値）

顧客が、「この商品は自分に合っている」と考える価値。ビジネススクールなどはこうした要素が比較的強いとされます。

4．Act（肉体的・行動的価値）

実際に行動したり日常生活を送る上で感じる価値。

5．Relate（関係的価値）

何らかの集団に属しているなど、その製品・サービスとの関与から得られる価値。自動車やバイクのオーナーズクラブなどがその典型例と言えます。

商材の特性にもよりますが、これらを効果的かつバランスよく顧客に経験してもらうことが重要です。

Keyword _ 044

タッチポイント

「買う時」「買った後」だけが
顧客との接点ではない

> **What is it ?**
> ## タッチポイントとは？
>
> 顧客が、あるブランドや企業と接するすべてのポイント。

🔽 解説

タッチポイントは、顧客経験価値マネジメントを考える上で非常に大事な点です。企業がある程度その機会や質をコントロールできるものと、コントロールしにくい（あるいはできない）ものの2種類に大別されます。

たとえば英会話教室の場合（図33）、教材や講師の質の他に、顧客への連絡内容、ウェブサイトのコンテンツなどは、機会や質をコントロールしやすいタッチポイントと言えるでしょう。広告などについても、どの広告枠をとれるかは自社では決められませんが、内容のクリエイティブさについては、最終的に自社でゴーサインを出して決められます。

図33 タッチポイント

英会話教室のタッチポイント

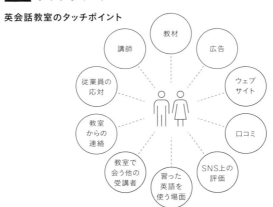

　顧客経験価値を上げる努力をする上で難しいのは、コントロールしにくいタッチポイントの方です。たとえば教室で会う他の受講者の態度や、その教室についての口コミ、SNS上での評価などは、顧客の経験価値に大きな影響を与えうるものですが、企業がすべてコントロールすることはできません。

　あるいは芸能事務所などの場合、所属タレントのプライベートは顧客へのタッチポイントと言えますが、タレントの側も24時間365日イメージ通りに振る舞うことは難しく、これもコントロールできないタッチポイントになるのです。

　特に近年は、SNSなどの新しいタッチポイントが急激に重みを増しています。企業としては、タッチポイントにおける顧客の体験をすべてコントロールできないことは理解しつつも、どのようなタッチポイントを最低限重視して対策をとるべきか、議論した上で取捨選択しなくてはならないのです。

Keyword _ 045

カスタマージャーニー

あらゆる接点から
顧客の期待を満たせ

What is it?
カスタマージャーニーとは?

顧客が購買までに至る行動全般。これを時系列で連続的に表したものをカスタマージャーニー・マップと言う。

解説

現代のマーケティングでは、想定される好ましいカスタマージャーニーを描き、それに沿ってマーケティング活動を展開することが望ましいとされています。従来型のマーケティングにおいては、ターゲットとポジショニングマップがその後のマーケティングミックス(製品、価格、コミュニケーション、チャネル)を左右しましたが、現代のマーケティングでは、ペルソナとカスタマージャーニー・マップがその後の施策の羅針盤となるのです。

カスタマージャーニー・マップの作成は、仮説的なジャー

図34 カスタマージャーニー・マップのイメージ

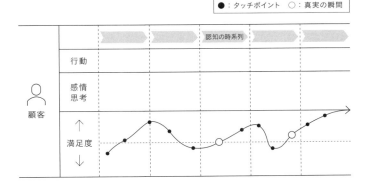

ニーを作ることから始まります。まず、基本として自社のブランド戦略の理解があります。体現したいブランド（経営理念と重なる部分も大です）から外れたカスタマージャーニー・マップは存在してはなりません。

その上で、既存のデータやリサーチから代表的なペルソナ（製品・サービスの顧客やユーザー像を仮想的に定義したもの）を1つあるいは2つ程度設定します。そして、そのペルソナごとのジャーニーを仮説的に作成します。

その際に重要なのが、「**真実の瞬間**」（MOT：Moment of Truth）を洗い出すことです。その上で、そのジャーニーに合わせたアクションプランやKPI（重要業績評価指標）を策定していきます。

真実の瞬間とは、顧客の経験に大きなインパクトを与える

瞬間全般を指します。真実の瞬間として好ましいのは、顧客の期待を大きく超えるサプライズや感動を与えることです。逆に、がっかり感を与えてしまうようではその製品・サービスが継続的に購買されることはないでしょう。その分水嶺となる顧客の経験の瞬間を正しく捉えることが大事です。

たとえばコンサートや演劇などのサービスでは、アンコールは真実の瞬間と言えるでしょう。アンコールをしてアーティストが出てこないと、それまでの感動も吹き飛んでしまいかねません。

そして一度暫定的なカスタマージャーニー・マップができ上がったら、実際にそれを運用しながら、望ましい顧客の行動とそれをより効率よく実現するための新しい手段を講じていくのです。その意味で、まさにマーケティング戦略そのものが描かれたものといえるでしょう。

顧客インパクトの瞬間を、冷静に把握せよ

カスタマージャーニー・マップは、具体的には横軸に時系列のステージをとり、縦軸に具体的な顧客の行動、それぞれのステージにおける顧客の思考と感情、またメディアとタッチポイントを洗い出した上で、ステージの移行状況を測定することができるデータとKPIを設定し、運用します。

カスタマージャーニー・マップを作る際には過剰な精緻化の罠に陥らないことが重要です。よく起こりがちなのは、ペルソナを必要以上に作ってしまい、それにともなってカスタ

マージャーニー・マップを増やした結果、逆にマーケティングが混乱してしまうことです。

　確かに顧客一人ひとりのビッグデータが取りやすくなったこと、さらにはスマートフォンなどで一人ひとり異なるコミュニケーションができるようになったのは事実です。しかしだからと言って、その一人ひとりの差異にこだわりすぎると、施策の組み合わせが増えすぎてしまい、必ずしも効率的なマーケティングにはつながりません。

　カスタマージャーニー・マップはあくまでグランドデザインと認識した上で、個別対応については別の側面から考えることも必要なのです。

Keyword _ 046

UI／UX

顧客体験の徹底が、
デザイン空間を変える

What is it ?
UI／UX とは？

いずれも企業のウェブページやアプリ画面に関連した用語。UI
（User Interface）はユーザーが見たり操作したりする部分やそ
の機能性全体を指す。UX（User Experience）は、そのUIを
通じた顧客の体験そのものを指す。

🔽 解説

　現代社会においては、多くの人々がパソコンやスマート
フォンで情報を得たり、Eビジネスの場合は直接そこでサー
ビスを利用したりします。当然それは企業やブランドに対す
る顧客経験価値にもつながっていくものなので、必然的に企
業側はUIやUXに力を入れる必要性が生じています。

　UIの例としてよく挙げられるのは、画面のデザイン（イラ
ストや写真、文字のフォント、全体の配色なども含む）です。

図35 UI／UX

UI
ユーザーが見たり操作したりする部分

例）画面のデザインやレイアウト、操作手順、入力すべき情報量、反応速度等

UX
そのサービスを通じて得られる体験全般（特にUIを通じたもの）

例）商品配送の速さ・正確さ、商品そのものの満足度、トラブル時のフォロー等

スマホを通じて買い物をする場合

これを特にUIデザインと呼ぶこともあります。こうしたデザインについて、デザイナーに任せて複数の案を出してもらい、あとはその時の感性で選ぶ……という企業も多いかもしれませんが、これは必ずしも賢明ではありません。

たとえば、巨大プラットフォーム企業では、**A／Bテスト**（2種類の画面をユーザーごとに分けて表示して、どちらの画面の方がクリック率や最終購買率などが高いかを見極め、それを繰り返すことで最適なデザインを見出す手法）を地道に行い続けることで、数億ドル単位とも言われる利益増につなげています。

アマゾンのサイトの「カートに入れる」という部分が、こうした実験により薄いオレンジ色に決まった話などは非常に有名です。また、アメリカでは政治家の資金集めのサイトなどでも、このA／Bテストを用いて、好ましいデザインを決め

ていることもあります。

　デザインは、人間の自然な目の動きに合わせることも大事とされます。たとえば先述したアマゾンの「カートに入れる」ボタンが、画面の右側にあるのは、それが人間の自然な目の動きに適い、合理的かつストレスを与えないからです。

　UI ／ UXにおいては、操作性も重要です。画面における操作が分かりにくいと、その時点で顧客はイライラしてしまい、その企業やブランド、サービスへの心象はかなり悪くなります。また、アルゴリズムが複雑で、待ち時間が数秒ほどかかってしまうという事態も避けたいものです。待ち時間は、通常の場面では問題なくても、電波が弱くなると急に遅くなるようなアプリも存在します。このように、操作性におけるすべての問題が自社に起因するというわけではないのですが、企業としては留意したいポイントです。

　パソコンとスマートフォン、それぞれのUIの違いについても注意が必要です。たとえば、あるウェブサイトがパソコンの画面での閲覧を前提にしていて、スマートフォンで見ると文字が小さすぎて読めないというケースは少なくありません。パソコンの横長の大きな画面（操作はタイピングとマウス）、スマートフォンの縦長の小さな画面（操作は指先でのタッチ）、この両方で最適なUIを実現することが理想です。

UI／UXは、あるべき形の逆算から生まれる

　UXはUIを通じて得られる体験を指すことも多いですが、広義にはそのサービスを利用して得られる経験全般を指します。たとえばEコマースサイトであれば、配達の速さや正確さ、品揃えの豊富さなどは、画面の外で起きている事象ですが、UXの一部になるということです。SNSやゲームのように、画面の中でほぼ完結するサービスでない場合は、画面外での顧客体験についても目配りをする必要があります。

　なお、基本的に、UIはUXを前提として作られるべきものです。言い換えれば、UIはUXを実現する手段の一部ということです。必然的に、UIはそれ単独で決められるものではなく、そもそも想定顧客にどのような体験をしてほしいのかを共有した上で、そこから逆算していくことが必要なのです。

　大組織では往々にしてUI／UXについてのコミュニケーションの折り合いが取れず、組織がバラバラになることもあるので注意を要します。また、部門間（例：事業部間、あるいは事業部と人事など）でUIがばらつきすぎると、かえって顧客経験価値を削いでしまうこともあるので、企業やブランド全体での統一感なども意識することが必要です。

Keyword _ 047

SFA

営業こそテクノロジーで
生産性向上を

What is it ?
SFA とは？

さまざまな製品・サービスを販売する営業部門（セールスフォース）の営業力を強化するシステム、ソリューションのこと。Sales Force Automationの略語。多くのベンダー企業が独自性の高いSFAを提供している。

⊕ 解説

　典型的なSFAのシステムは、営業のプロセスや顧客のステータスなどを可視化し、その情報に基づいて分析を行い、営業に関する最適なソリューションを提供するものです。

　可視化される情報としては、顧客や案件に関する情報（担当者や意思決定者、予算など）、商談の進捗や確度、スケジュール、日報などがあります。システムによっては、予算と実績の差異分析を行ったり、顧客の収益性分析を行ったりするこ

ともあります。また、見積書や請求書を自動で作成する、To
Doのアラームを出すというのもよくある機能です。

営業のブラックボックスを機械が変える

SFAのメリットとしては、それまで属人的な技に頼りがち
だった営業というプロセスやそれに必要なコンピテンシー
（好業績を出している人に特徴的な行動様式）などを標準化す
ることができ、**経験の浅い営業担当者でもすぐに戦力化して、
全体の効率が上がる**ことが挙げられます。

また、透明性が高まるため、いわゆる「サボり」を防いだり
（ノルマを達成した途端、手を緩める営業担当者は少なくあり
ません）、問題を抱えている営業担当者の問題解決を早期に行
えるというメリットもあります。

さらに、これまでは人が行っていた作業、たとえば問い合
わせに答える、商談の計画を立てるなどの作業を機械で置き
換えることができるため、人件費が抑制される、あるいは余っ
た人員を別の仕事に回すことができるという点も重要です。

近年では、AIを用いてよりユニークなサービスを提供する
SFAも増えました。たとえば、GeAlneというSFAは、顧客
候補のレコメンドや営業文章の自動最適化までも行います。

AIの進化がどこまで営業を効率化するかはまだ意見が分
かれていますが、究極的には売り手も買い手もAIを活用する
結果、よほど戦略的な重要度が高い場合以外は、社会全体で
見て最適な購買・販売活動が行われるようになる、という見
解もあります。

Keyword _ 048

ラストワンマイル

モノを顧客に届ける
「最後の詰め」が重要

What is it?
ラストワンマイルとは？

最終物流拠点からエンドユーザーまでの、モノが届く最終区間の
こと。直訳すれば「最後の1マイル」（約1600メートル）となり、「最
後の詰めの部分」という意味合いで使われる。

⬇ 解説

　ラストワンマイルという言葉は特にEコマースの分野にお
いてよく用いられます。デジタル化がいくら進んでも、人間
は必ずモノ（食品、衣料、家具、家電など）を必要とするた
め、物流という機能は絶対に価値を失わないからです。

　現代の消費社会の特徴は、**顧客がどんどん「わがまま」に
なっている**ことです。つまり、自分の欲しいものがいつでも
好きな時に適切な方法で手に入らないと、不満を抱きやすい
ということです。たとえば、せっかく掘り出し物を見つけた

図36 ラストワンマイル

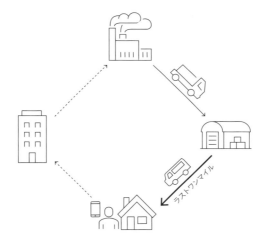

と思ったのに、物流業者の都合で何回も受け取り損ねた場合、満足度は大きく下がるでしょう。

これまで日本ではラストワンマイルについては担当する業者が高い質のサービスを提供してきました。しかし、昨今は人材不足や物流従事者の高齢化などで物流業者が疲弊しており、この質が持続するかどうかは不明です。事実、ヤマト運輸とアマゾンの価格交渉はニュースにまでなりました。

そこで最近は、自前でラストワンマイルの物流を検討する企業なども現れ始めています。また、コンビニエンスストアや受取型ロッカーなどのインフラを利用して、ラストワンマイルを消費者と分担し合う（ピックアップ型）動きや、軽量の一部商材については84ページで紹介したドローンのようなサービスを用いるという試みも検討され始めています。

Keyword _ 049

グロースハック

IT ビジネスの成長は
加速度を重視せよ

What is it ?
グロースハックとは？

サービス自体にそれが拡散・成長するような仕組みを取り入れた
マーケティング手法。特に口コミを重視し、さまざまな分析手法
を用いて、効率的な成長を目指す。主にウェブマーケティングに
おいて用いられる言葉。

⊙ 解説

　グロースハックは人によって用いる意味合いが違うことも
ある言葉ですが、ここでは上記の意味で解説します。最初の
「サービス自体にそれが拡散・成長するような仕組みを取り入
れた〜」の部分はやや分かりにくいかもしれませんが、以下
の事例を参考にすると分かりやすいでしょう。

Ｉ．Hotmailの事例

　かつてHotmail（後にマイクロソフトに買収された無料

メール）は、メールのフッター部分に「PS：アイ・ラブ・ユー。
Hotmailで無料のメールアカウントを開設しよう」という文
章を載せました。これによってHotmailの登録者数の増加ス
ピードは、一気にそれまでの数十倍に膨れ上がりました。こ
のHotmailの事例は、**バイラルマーケティング**（口コミを利
用してウイルスのように情報が広がるマーケティング手法）
の効果的な事例と言えます。

２．Dropboxの事例

　オンラインストレージサービスを提供するDropboxは、こ
のサービスを知人に紹介してユーザーになってもらえれば、
紹介者に一定の容量をプレゼントするというプロモーション
をサービス内で紹介することでユーザーを増やしました。人
に紹介すれば自分が有利になる、というのは典型的なグロー
スハックの手法です。Dropboxは他にも初期の頃に、動画を
流行らせて、一気に招待待ちのユーザーを増やすといった宣
伝手法にも成功しています。

　グロースハックでは、「**AARRRモデル**」（アーモデル）と
いう考え方を用います（165ページ図37参照）。これは
Acquisition（顧客獲得）、Activation（利用）、Retention（顧
客維持）、Referral（口コミ、紹介）、Revenue（収益化）の頭
文字をとったもので、このステップのサイクルを高速で回し
ながら事業を拡大していくことを目指したものです。その際、
数字を用いて定量的に施策の効果を確認することがグロース
ハックでは基本です。

数字で検証するために重要となるのが、適切なKPI（重要業績評価指標）の設定と測定です。その上で**ファネル分析**（全体をプロセスごとに区切って、あるプロセスから次のプロセスへの遷移率を見ることで、問題箇所を発見する分析手法）などを行い、問題箇所のつぶしこみのアイデアを出していきます（例：「サイト訪問」→「検索」→「買い物かご」→「購買」までのプロセスにおいて、KPIの遷移率を見るなど）。

　155ページで紹介したＡ／Ｂテストも多用されます。一見すると小さなサイトの見栄えの差や、導線設計の差などが、最終的な業績を分ける大きな差となりうるからです。先述したDropboxも、ランディングページなどで徹底したＡ／Ｂテストを行い、それを最適化したと言われています。

▍小さな改善の積み重ねが、圧倒的成長につながる

　グロースハックにおいては、ちょっとした成長のアイデアでも、まずはそれを実験してみて、効果があったものはどんどん取り込んでいくことが奨励されます。その積み重ねが成長速度を大きく左右するという発想です。
　たとえば民泊のエアビーアンドビーは、物件をプロの写真家に撮ってもらうことで、成長を加速したといいます。これ自体はある意味平凡なアイデアのようですが、それが複層的に重なることで、爆発的な成長につながることがあるのです。

　特にベンチャー企業などの場合、多くのユーザーがそのサービスを認識するクリティカルマスを超えるまでは、徹底

図37 グロースハック

主なKPI（ウェブサービスの場合）

	Acquisition 顧客獲得	サイト訪問者数 新規獲得顧客数
	Activation 利用	サイト内滞在時間 サイト再訪者数
AARRR モデル	**Retention** 顧客維持	顧客満足度 解約率
	Referral 口コミ、紹介	ネットプロモータースコア 紹介による新規顧客数
	Revenue 収益化	売上高 客単価

的に知恵を出して費用対効果の高い施策を行い、成長を加速させることが大事なポイントとなります。多くのベンチャー企業は通常の広告投資を行うような資金的余裕はないことが多いからです。

これがいったんクリティカルマスに達すると、今度はそのサイクルが自走的に走り出すようになります。逆に言えば、そのレベルのクリティカルマスがどのくらいなのかを意識しつつ、グロースハックを行うことが大事と言えるでしょう。

Keyword _ 050

検索エンジン／SEO

読まれないコンテンツに
価値はないも同然

What is it?
検索エンジン／SEO とは？

検索エンジンとはグーグルに代表されるウェブの検索ソフトのこと。SEO（Search Engine Optimization）は、検索結果を表示するサイトにおいて、自らのウェブサイトが希望のキーワードで検索された際に検索結果の上位に表示されるように工夫すること。

⬇ 解説

　現在、検索エンジンで圧倒的なシェアを誇るのはグーグルであるため、本項目ではそれを前提に解説を行います。多くの企業にとって、グーグルで検索された際に、上位に自社のウェブページがくることは、マーケティング上で非常に有効なことは言うまでもありません。逆に、グーグルで自社のページが下位にしかこない、あるいは検索結果に引っかからないのでは、プロモーション効果も半減です。そこでSEOの出番となるのです。

ただし、あまりに露骨あるいは乱暴な SEO をすると、しばしば検索してもあえて表示されないなどの「罰」を受けることがあります。これを「グーグル八分」などと呼ぶこともあります。この場合の露骨な SEO とは、たとえばあるページに「○○とは」といった言葉をユーザーには見えないようにこっそり忍ばせて流入数を増やすといったことです。

　グーグルにはグーグルアドワーズという仕組みがあり、ある程度の費用を払えば、検索結果の上位に自社のウェブサイトを出すのは容易です（この場合、検索結果に「広告」という表示が出るので、広告とすぐに分かりますが）。

　ただし、これでは費用がかさみますし、「広告」と表示されているとクリックしない人もいるので、やはり自然に検索上位にくることが望ましいと言えます。そこで必要になるのが、適切な SEO の手法です。具体的な工夫には、以下のようなものがあります。

・キーワードを（サイト内に）効果的にちりばめる
・重要キーワードは図表中のみではなくテキストで入れる
・alt タグを用いる
・タグ付けの順序を正しく行う
・リンク切れのサイトをチェックし、最適な状態を保つ
・アクセスの多いウェブページにリンクさせる（多くの企業の場合、ホームページなど）
・スマホ対応にする（レスポンシブデザイン等）
・ソーシャルメディアとうまく連携させる……etc.

これらはこれらで重要ですし、実際に効果も出ますが、ある意味テクニカルな（技術的な）方法とも言えます。

小手先の工夫より、コンテンツの質も大切

先にご紹介した工夫を施しても、グーグル側がしばしば表示順位の計算ロジックを変えるため、昨日まで効果的だったことが、いきなり効果が薄れることもあります。

結局、**最も効果的なSEOは、皆が読みたくなる、さらにはリンクを張りたくなるコンテンツを作る**ということになります。事実、人が検索したくなる言葉であるにもかかわらず、良い解説サイトがない場合などは、それほどSEO対策などを行っていなくても、予想以上に検索上位にくることがあります。

たとえば筆者はかつて行動経済学の書籍の紹介を簡単に書いたことがあるのですが、どういう理由かは分かりませんが、「行動経済学」で検索すると、検索して最初のページの上位に表示されるということがありました（2019年現在は、もっと下位になっています）。

このように、これから検索されそうな言葉に目を光らせ、分かりやすく解説することなどは有効です。

その他にも、人々の共感を得ることができるコンテンツを提供できれば、単に検索されるだけではなく、シェアもされ

るので有効です。そうした「刺さる」コンテンツのキーワードとしては、以下のようなものが典型的です。

1．他人に伝えたくなる（それによって自分も評価を受ける）お得感がある
2．「イイ話」や「ビックリ」のように人間の心情に刺さる普遍性がある
3．動画や写真が効果的に用いられている

　ちなみに、「どのようにすれば検索上位にくるコンテンツが作れるか」を指導してくれるSEOコンサルタントも存在します。筆者も実際にサービスを受けたことがありますが、「ここはこのくらいの分量で書いて、ここにこのような事例があるとグッド」といったアドバイスをもらえます。SEOは効果が見えてくるまでに時間がかかるのですが、それでも一定の効果はやはり表れてきます。

　そうした専門家やノウハウもうまく活用しつつ、自社ウェブサイトや重要サイトの存在感を上げることが必要です。

Chapter

5

HR/Work Style

ヒト／働き方

本章では、ITの進化が組織や人々の働き方にもたらす変化に関するキーワードをご紹介します。どんなに優れた戦略やマーケティングも、実行するのが組織や人である以上、その変化にも敏感であるべきです。

Keyword _ 051

人間に残される仕事

結局、機械ではなく
人間がやるべき仕事とは？

What is it？
人間に残される仕事とは？

人間がAIや機械よりも優位を保てる仕事。トーマス・ダベンポートらが提唱した5つの分類が有名。

解説

　トーマス・ダベンポートは著書の中で、これからも人間に残されるだろう仕事を5つの分類で紹介しています（図38）。

１．ステップ・アップ

　機械（コンピュータ）がどれだけ発達しようとも、それらは基本的に高性能の計算機にすぎず、やはり人間が命令を下したり、その前提となる課題設定を行う必要があります。ステップ・アップは、このように機械によって構成されるシステムをより高次の視点から見て、その評価をしたり、応用・拡大などの意思決定を行う仕事です。

図38 AI 時代に残る仕事

ステップ・アップ	システムを高次の視点から評価、意思決定する仕事
ステップ・アサイド	微妙な気配りや手作業など、機械が苦手なことを行う仕事
ステップ・イン	新しい技術を活かしてビジネスシステムをつくる仕事
ステップ・ナロウリー	機械ではコストが見合わない、複雑だが特殊な仕事
ステップ・フォワード	新しいシステムを生み出す仕事

　大局観が必要とされ、また自分自身がプログラマーでなくとも、コンピュータシステム全般に関心があり、また改革志向であることが望ましいとされます。必ずしも求められる人数は多くはありませんが、これからの時代に非常に重要な位置づけの仕事と言えます。

2．ステップ・アサイド

　機械が苦手としている「人間らしい」仕事です。その代表としては、相手の微妙な感情を読み取る仕事や、非常に細かな気配りや手作業での微調整などが必要な仕事、クリエイティブな創作が求められる仕事などがあります。たとえば看護師や介護師などは相手の感情を読み取って気を配ることに加え、状況に応じた細かな作業を必要とするため、機械がこれを置き替えることは難しいでしょう。

　また、小説やドラマの脚本、オーケストラの音楽や絵画な

どは、ビッグデータがあれば機械でも学習により「それらしいレベルのもの」は作れるかもしれませんが、真に多くの人の共感を呼ぶものを機械が生み出すのは容易ではありません。この仕事はニーズも大きく、機械化が進んでも数多く残るものと考えられます。

3．ステップ・イン

新しい技術とビジネスをつなぐ仕事です。いつの時代にも、新しい技術が生まれれば、それをビジネスにつなぎ、価値に転換する人間が必要になります。たとえば新しいコミュニケーション・テクノロジーが生まれれば、それをどのように活用すべきかを考える人間が必要になります。これがステップ・インの仕事です。

最初に紹介したステップ・アップが、管理職がメインで担う仕事であるのに対し、ステップ・インは現場の人間や起業家などが担うことが多いとされます。特に、テクノロジーの活用に積極的な企業では、このタイプの人間が必須です。単に自分で機械の活用方法を考えるだけではなく、それを周りの人に説明できる能力も必要とされます。

4．ステップ・ナロウリー

機械に任せるにはコストが見合わない仕事です。典型的な事例としては、少数の人間しか知らない専門的な仕事（科学者や、ある種の料理人、希少動物の飼育係など）、形式知化・体系化されたデータがあまりない仕事（職人、香水の調合師など）、ニッチビジネスの個人事業主などが当てはまります。長年その仕事を追求してきた「匠」的な仕事とも言えます。機

械がパワーを発揮するには過去のデータの蓄積が多い方が有利なのですが、それが構造的に増えにくい仕事とも言えます。

5．ステップ・フォワード

　新しいシステムを生み出す仕事です。具体的には、IT専門家、データ・サイエンティスト、研究者、マーケター、ITコンサルタントなどが該当します。これらの仕事は専門知識を必要とするため容易になれるわけではありませんが、これからのIT時代においては非常にニーズの高い仕事です。

　こうした仕事に就くためには、大学での勉強や実務を通して、STEM（科学、技術、エンジニアリング、数学）の知識を備えたり、アルゴリズムやプログラミングに精通することが必要となります。

　これらはあくまで予測ですので、実際にこの通りに世の中が変化するかどうかは分かりませんし、それぞれの仕事が残っていく比率や、変化が起きるタイミングなども異なるでしょう。

　しかし、これらを理解しておくことが、今後良きキャリアを構築していく上で、非常に重要なのは間違いなさそうです。

Keyword _ 052

オンデマンド調達

外部人材とのタイムリーな協創が
組織の生産性を極大化する

What is it ?
オンデマンド調達とは？

必要な時に必要な人的資源を調達すること。広義には人的資源
だけではなく、資金や原材料なども含める。

⬇ 解説

　これからの時代は、ITやビデオ会議などの進化もあり、特
定の組織に100％所属（依存）するのではなく、独立してフ
リーランスとして働く、数社の企業で契約社員として働く、
あるいは本業は持ちながらも副業として別の仕事をすると
いった働き方をする人が増えることが予想されています。

　オンデマンド調達は、企業が必要に応じてそうした人々を
集め、プロジェクトを完遂しようというものです。比較的シ
ンプルな成果物やアイデアを不特定多数に向けて外注する仕
組みとして「**クラウドソーシング**」が注目されていますが、そ

れに比べるとオンデマンド調達の場合、プロジェクトは大きくかつ長くなるのが一般的です。たとえば、AIを用いてある特定のプログラム、サービスを構築するといったものです。

　企業側からすると、固定費として人材を丸抱えしなくて済む（特に人件費の高い専門人材）というメリットがありますし、プロジェクトに応じて最適なチームを組めるというメリットもあります。最新の技術を活用すれば、国境をまたいで海外の人材に参加してもらうこともできます。

　もちろん、デメリットもあります。たとえば特定の分野に詳しい希少人材などは、取り合いになってしまって「必要な時」に確保することができない可能性は当然あります。これは希少性が増すにつれ、そのリスクも大きくなります。

　また、必ずしもその企業やプロジェクトに対する忠誠心や思い入れは揃わないことが多いため、プロジェクトの運営が難しくなり、最悪の場合は空中分解しかねません。機密保持契約なども当然結ぶのですが、場合によってはオンデマンド調達した人材が競合企業で働く可能性もあり、ダイレクトな情報漏洩などはないまでも、間接的にノウハウが流出する可能性もあります。もちろん、競合禁止規定（この競合企業では仕事をしないという取り決め）などを設けることもできますが、事前にベンチャーなども含めた競合企業をすべて適切に指定するのは必ずしも容易ではありません。

　結果的に企業側は、今後これまで以上に高いプロジェクトマネジメントの力や、求心力となる魅力的なビジョンを打ち出すことが重要になってきます。

Keyword _ 053

ティール組織

緩い組織だからこそ
勝てる時代が来る？

What is it ?
ティール組織とは？

既存の組織運営とは全く異なるやり方で結果を出している新しい
組織運営方法の1つ。売上目標はない、経営陣や上司（上下関係）
は存在しない、ミーティングもほとんどない、組織図も肩書も職
務記述書もないといった特徴を持つ。ティール（Teal）は青緑色
の意味。

⤵ 解説

　この言葉は、『ティール組織』（フレデリック・ラルー著）
で有名になりました。書籍内ではザッポスがその例とされて
います。上記で説明した特徴に加えて、社員のモチベーショ
ンも高く、社員全員で経営にあたっているとされています。
　一見、「それで本当に結果が出るのか？」と思われる人も多
いでしょうが、実際に結果がついてきているのがティール組
織の特徴です。

図39 ティール組織

進化型 （ティール：青緑色）	変化の激しい時代に適合する生命体組織。自主経営（セルフマネジメント）、全体性（ホールネス）、存在目的を重視する独自の慣行。
多元型 （グリーン）	多様性と平等と組織文化を重視するコミュニティ型組織の時代へ。ボトムアップの意思決定。多数のステークホルダー。
達成型 （オレンジ）	科学技術、イノベーション、起業家精神の発展を受けて効率的で複雑な階層組織へ。「命令と統制」から「予測と統制」。実力主義の誕生。多国籍企業など。
順応型 （アンバー：琥珀色）	農業、国家文明の発展を受けて、官僚制の時代へ。時間の流れによる因果関係を理解し、計画が可能に。規則、規律、規範による階層構造の誕生。教会や軍隊。
衝動型 （レッド）	組織の最初の形態。自他の区分や単純な因果関係の理解により分業が成立。力や恐怖による支配。マフィア、ギャングなど。

出典：フレデリック・ラルー著『ティール組織』日本語版付録の図を加工して掲載

　ティール組織は、組織間の垣根が緩くなり、既存のヒエラルキー型の組織では結果が出にくくなる昨今、また、旧世代とは価値観の異なるミレニアル世代が売上重視・利益重視の組織に惹かれなくなっている中で、注目を浴びています。

　インターネットによって「自律分散」の世界観が脚光を浴びていることも、ティール組織が注目される理由の1つになっているとされます。自律分散とは、全体を統制する中枢機能がなくとも、それぞれの要素が自律的に行動することで全体が機能する概念を指す言葉で、77ページのトークンエコノミーなどもこの延長にあると言えます。人間の働き方や集まり方そのものの進化形が、このティール組織ではないかと目されているわけです。

一般に、組織の発展段階と言えば、機能別組織→事業部別組織→マトリクス組織の順番を思い浮かべる人も多いでしょう。しかしこれらはすべて分業を意識した組織であり、マトリクス組織にしたところで、やはり分業を意識した階層組織である点に変わりはありません。

　それに対し、ティール組織はそうした分業重視の組織とは明確に異なります。提唱者のフレデリック・ラルーは、図39のような組織の発展段階を唱えています。

　より単純に書くと以下のようになります。

・衝動型（レッド）
　集団をまとめるためにトップは常に暴力を行使する。脅しによるガバナンスとも言える。暴力団などのやり方。再現性は低い。

・順応型（アンバー：琥珀色）
　典型的なピラミッド型の階層構造で、トップダウンによる指揮命令を特徴とする。古代から軍隊などで採用されてきた組織。

・達成型（オレンジ）
　競争に勝ち、利益を出し、成長を目指すことを目標とする。現代でも多用されており、科学的なマネジメントを特徴とする。

・多元型（グリーン）
　組織文化と権限委譲を重視して、モチベーションを高める組織。家族型で対話を重視する。具体例としてはサウスウェスト航空などが有名。

・進化型（ティール：青緑色）

　自主経営チームで、自然体で働く。存在目的や内発的動機を重視する。形式上のリーダーはいるが固定的ではなく、意思決定は必要に応じてその場その場で行われる。

　ティール組織では、その特性上、目的を構成員の思いに合わせて進化させること、自立（自律）を重視すること（必然的に採用＝参加者の選抜は非常に重要となります）などがマネジメント上の鍵となります。

　また、この組織を実現するには、組織の上位にいる人間が、人や組織を真の意味で信頼し、管理しコントロールしたいという欲求を手放すこと、そして、経営トップが本気でその世界観を理解し、求めなければ実現しないとされます。

　2019年現在は、先端的な企業でも多元型（グリーン）が多いと思われます。多元型は非常に好ましいとされるものの、「家族型で対話を重視する」点からも分かる通り、往々にして規模化で苦しむことになります。そこでマネジメントを合理化しようと科学的マネジメントを導入することで、達成型（オレンジ）に逆戻りすることもあります。事実、多くの企業はオレンジとグリーンの間で試行錯誤しています。

　ティールはそこから一歩突き抜けた組織です。ただ、その限界として、規模化できるのか、高収益化できるのかなどの疑問点も提示されています。NPOなどにはフィット感は高いものの、成長と利益を求める現代の資本主義社会において、その存在が浸透するかどうかは非常に注目されるところです。

Keyword _ 054

HRテック

会社の中枢「人事」に
テクノロジーを活用せよ

> **What is it ?**
> ## HRテックとは？
>
> 人的資源管理（Human Resource Management）の分野に
> おける課題を、テクノロジーで解決しようとする考え方、あるいは
> そのためのサービスのこと。

⬇ 解説

　人的資源管理は組織の生産性にダイレクトに影響を与える
重要な分野であり、近年はここでもテクノロジーが活用され
ています。HRテックもフィンテック同様、すでにさまざま
なサービスが立ち上がりつつありますが、本項目ではその中
でも代表的なものを紹介します。

　まずは採用におけるHRテックがあります。新卒採用であ
れば、エントリーシートをレイティング（数値化）することで
数を絞り込むといった活用例が見受けられます。かつては属

図40 HRテック

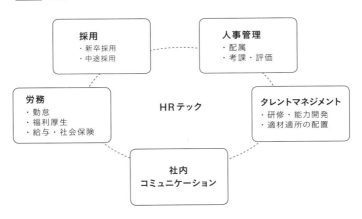

性データ、特に学歴だけを見ている企業も多かったと思われますが、最近は学生の志望動機の文書をAIで採点するなどの動きも広がっています。

米国などでは、面接した際の表情から将来の仕事における活躍度を推測するサービスもすでに登場しています。あるいは「その会社にどうしても来てほしい人材」ということが分かれば、どうすれば自社に来てもらえるか、その方法論を提案するといったこともAIができるようになりつつあります。

ややニッチな分野ですが、スポーツビジネスにおいては、世界中のプロリーグや代表的なアマチュアリーグの選手の活躍度合いをカバーしておくことで、自チームの日々の結果に応じて「今のチームにおける必要度が高く、かつ金銭的にもまかないやすい」選手が自動的にレコメンデーションされるシステムもあります。

他には人事管理、スタッフィング（配置）への応用も進んでいます。かつては人事部が属人的なスキルをもって人事異動などを行っていましたが、今後は事実に基づく社員の過去の記録（業績、スキル、学んだこと、周囲からの評価など）や、社内における仕事ごとの特性（求められるスキル、仕事のハードさ、学習効果など）をビッグデータとして蓄積しておくことで、「彼（彼女）には、次にこの仕事をしてもらうことが、業績向上の面からも育成の面からも望ましい」といったマッチングを、個人レベルだけではなく、全社最適で導くことができるようになる可能性もあります。

　タレントマネジメントは多くの企業にとって重要な課題ですので、この分野の伸び代は大きいでしょう。実現はまだまだ先かもしれませんが、将来的には（社内外も含めた）経営陣のサクセッションプランニング（後継者育成計画）にもAIなどが活躍するかもしれません。

　労務管理もすでにHRテックが進んでいる分野です。単に労務時間を管理するだけではなく、タイムカードを押した時間などを分析して、「この社員は3カ月以内に辞める可能性が高い」といったウォーニングを出すサービスも研究されています。

　社員のメンタルヘルス管理もテクノロジーとなじみやすい分野です。顔の表情や体の動き、ウェアラブルからのビッグデータなどを参考に、「もっと睡眠、休暇を取るように」など

のレコメンデーションがくる時代も到来するでしょう。

テクノロジーは学習すらも大きく変える

　HRテックと重なる分野として、教育の分野にもテクノロジーの波が押し寄せています。社内教育に限らず、教育に関するテクノロジー全般を**EDテック（エドテック）**と呼ぶこともあります。

　オンライン教育の提供やその学習履歴の蓄積もさることながら、将来的には、特定の社員の言動などをAIで解析することにより、本人や上司も気がついていないポテンシャルを見出したり、その反対に陥りやすい弱点を指摘できたりするようになるかもしれません。

　EDテックは、現時点では教育コストの低減や、教育をより多くの社員に行きわたらせることに注目が行きがちですが、おいおいこのような見えざる真実を見出す活用にも注目が集まるようになるでしょう。

　これ以外にも、報奨や昇進・昇格を決めるといったデリケートな業務にもAIの活用が試みられています。経営者や人事部の立場からすれば、あるべき組織の姿を描きつつ、これらのテクノロジーを適切に取り入れていくことが求められるでしょう。

Keyword _ 055

スマート化

賢い働き方が
生産性を上げる

What is it?
スマート化とは？

テクノロジーの進化を賢く取り入れ、生活や働き方を洗練された
ものにすること。より広義には、スマート工場やスマートグリッド
に代表されるようなテクノロジーを用い、産業構造や社会全体を
効率的、持続的なものにする動きを指す。

解説

　スマート化はさまざまな意味で用いられる言葉ですが、こ
こではテクノロジーによって生活や働き方を洗練されたもの
にすることについて説明します。

　通常、世の中には無駄が溢れているものです。たとえば皆
さんは以下のような経験はないでしょうか？

・コピー用紙が切れていたので補充しようとしたら、そのフ
　ロアのすべての用紙がなくなっていた。

・参加者全員の都合がつく時間に限って、会議室がすべて埋まっていた。
・必要な名刺がどこかにいってしまった。
・トイレに行ったら個室がすべて埋まっていた。

　これらは些細なことかもしれませんが、精神衛生的にもよくありませんし、積もり積もれば少なからぬ生産性低下に結びつく事象です。こうした無駄をテクノロジーによって極力避けることで、ストレスやトラブルなく日常を過ごすことを目指すのがスマート化です。
　たとえばコピー用紙であれば、紙が少なくなったらウォーニングが出て、自動的に補充されれば誰かの無駄な時間は減ります。会議室の予約についても、何かしらの調整ソフトを入れることで、最適なスケジューリングが実現される方が望ましいでしょう。特に人件費の高い（たいてい機会費用の高い）人間が、スケジューラーとにらめっこして時間調整を行ったりするのは、会社視点でも非生産的です。
　名刺であれば、会社全体ですべての社員の名刺を一括管理する方が好ましいでしょうし、トイレの例は個室が埋まっているかどうかを知らせるセンサーがあればよいだけです。（実際に、センサーとチャットアプリを組み合わせてトイレの空きがすぐ分かるようにしている企業もあります）。

　このように、ちょっとした不便や「こうなったらいいのに」という改善箇所を放置せず、それができていない原因を掘り下げ、テクノロジーの力でなるべく費用対効果の高い方法で解決することこそが、スマート化のポイントです。

Keyword _ 056

ベーシックインカム

パンのためだけに
人間は生きるわけではない

> **What is it ?**
> ## ベーシックインカムとは？
>
> 政府がすべての国民に対して一定額（通常は最低限の生活を送る
> のに必要とされている額）を定期的に支給する制度。

⬇ 解説

　ベーシックインカムは、働いていようが働いていまいが、すべての国民に一定の額を支出するという点で非常にユニークな制度です。導入を検討してきた国はありますが、2017年に欧州で初めて制度を実験的に実施したのはフィンランドです（2018年12月に終了）。

　ベーシックインカムのメリットとしては、貧困対策や少子化対策につながること、そしてそれらが結局は国の成長にもつながることなどが挙げられています。また、財源の確保をどうするかという問題はありますが、すべて一律を原則とし

ているため、税金や社会保険料の徴収のような面倒な手間暇がかからず、運用コストが低い点も指摘されています。

さらに近年のIT社会では、仮に機械に仕事を奪われても仕事を奪われた側の人間が急には困らないことなどもベーシックインカム導入の理由に挙げられるようになってきました。むしろ、人間にとってハードな仕事は機械に担ってもらい、人間はしっかり自分を磨いて付加価値の出せる仕事にフォーカスしやすくなる上でも、ベーシックインカムが有効ではないかという意見もあります。

一方で批判もあります。最も大きなものは、人々の勤労意欲を削ぐというものでしょう。確かに食うに困らないだけのお金があれば、そこまで努力しなくてもいいと考える人が一定数出る可能性は否定できません。一方で、この批判に対しては、「人間は退屈を我慢できない」「生活の安全が保障されれば、人は承認欲求や自己実現欲求に向かい、内発的動機から仕事をする」などの意見があります。

その他の大きな批判はやはり財源の確保です。ベーシックインカム賛成論者は、工夫をすれば財源の捻出は可能としていますが、日本の場合、昨今の財政事情を考えればそれほど楽観できないという意見には説得力があります。すでに資産を持つ人間にお金を配ることへの反発もあります。

現時点では、日本に早期にベーシックインカムが導入される可能性は低いかもしれませんが、海外の実験結果によっては、日本でも議論が巻き起こる可能性はあるでしょう。

Chapter 6

Creation and Innovation

創造と変革

ビジネスにおいて最も難しいのは、新しい価値の創造、そして既存のビジネスの新たな方向への変革です。本章では、主にテクノロジーを用いた新事業と関連するキーワードをご紹介します。

Keyword _ 057

オープン・イノベーション

外部とのコラボが
イノベーションを加速する

What is it ?
オープン・イノベーションとは？

イノベーションをすべて自前の技術で行うクローズドな形態ではなく、他社の技術も活用しながら行うオープンな形態の開発活動。2003年にヘンリー・チェスブロウ博士によって提唱された概念で、「企業の内部と外部のアイデアを有機的に結合させて価値を創造すること」と定義される。特に技術の製品化に時間を要する製造業などにおいて重視される。

解説

　オープン・イノベーションは、顧客ニーズの多様化、プロダクトライフサイクルの短縮化といった文脈の中で、いかに企業がイノベーションを効率化するかという問題意識の下に生まれたとされます。

　オープンの概念には大きく2つのパターンがあります。1つは技術やアイデア獲得の入口側に関わるものです（狭義に

図41 インサイド・アウト型オープン・イノベーションのプロセス

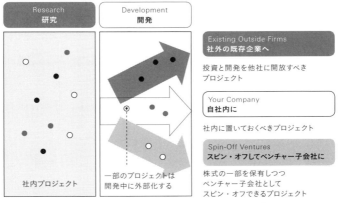

出典:ヘンリー・チェスブロウ他著「インサイド・アウト型 オープン・イノベーション」『DHBR』2010年4月号

はこちらを指してオープン・イノベーションと呼びます)。このケースでは、企業が新技術や新製品の開発に際して、社内外を問わず広く技術やアイデアを結集してイノベーションを促進します。

例として、産官学連携プロジェクトや大企業とベンチャー企業による共同研究などがあります。このパターンを多用している企業としては、社外の研究開発の成果を活用する「Connect & Development」を開発戦略の中核に据えるプロクター&ギャンブル社が有名です。

もう1つは出口側に関わるもので、技術や製品を市場に出してキャッシュ化するにあたり、社外を経由したルートも活用しようという考え方です。たとえば、自社の事業ドメイン

やターゲット市場と適合しなかったり、自社の経営資源のみでは市場に出すことが困難な研究開発成果を、他社へ売却したりライセンシングを行うといった活動です。

　オープン・イノベーションによって、企業内の研究開発が不要になるということはありません。しかし、企業の研究開発の役割は変わっていく必要があるとされます。たとえば、社外のどこでどのような研究開発が行われているのかといった情報収集能力の向上、大学等研究機関やサプライヤーとのネットワーク作り、外部の技術の評価ができる人材配置などが重要になってきます。

　また、自前の技術以外を軽んじて忌避するメンタリティに陥ってしまう**NIH症候群**（Not Invented Here症候群）からは決別する必要があります。CPUで圧倒的な地位を握るインテルなどは、昔からこうしたオープン・イノベーションに対する課題や問題点への対処が巧みとされています。

　イノベーションを導く手法として、ステージゲート法というものがありました。これは、技術アイデアから市場導入するまでに複数のステージとゲートを設けて、アイデアを絞り込みつつ、事業化へと誘導する手法です。一方、オープン・イノベーションは、さまざまなステージのものを外部から取り込むことで、絞り込むだけでなく、確率を落とさずにアイデアを広げることを可能とする手法とみなすこともできます。

自社の分析なくしてオープンな開発は不可能

　なお、オープン・イノベーションに当たっては、社内の技術をポートフォリオとして正しく把握しておくことも当然重要です。技術ポートフォリオ管理では、たとえば、その技術がどの程度自社にとって「重要か」、そして他社技術に対して「強いか」という視点で評価する方法などがよく用いられます。

　こうした分析は、自社技術の健全性を評価するとともに、投資判断のガイドラインとしても活用することが可能です。強くて重要な技術は、引き続き投資を行い、競争優位性を築くと同時に、より幅広い事業への展開を検討します。強くて重要でないものは、投資を抑えつつ、他社へのライセンスなど収穫化を狙います。弱いけれど重要なものは、自社で大きく投資をして強いものへと育て上げるか、M&Aやライセンシングなどを通じた強化を図っていくべきでしょう。弱くて重要でないものについては、投資を止めるか、他社への譲渡などの検討が効果的です。

　他にも、長期的技術投資、中期的技術投資、短期的技術投資のバランスを適切にとるなど、技術のポートフォリオを適切に構築し、その上でオープン・イノベーションによってそれをより魅力的なものにすることが必要です。

Keyword _ 058

リーン・スタートアップ

スピードが
すべてを制する

What is it ?
リーン・スタートアップとは？

新規事業、特に起業家のベンチャー事業等では、提供者側の思い込みやこだわりによって、顧客にとって対価を支払うだけの価値のない製品やサービスが生まれてしまい、時間的、資源的、精神的なロスが発生することが多い。リーン・スタートアップとは、そうした無駄をなくして、市場に受け入れられる製品・サービスを、より早くかつ高確率で生み出すための方法論を指す言葉。

解説

リーン・スタートアップの考え方を広めたのは、『リーン・スタートアップ』を著したエリック・リース氏です。そのポイントは、仮説検証のサイクルをなるべく速く回すこと、そのためになるべく早く実用最小限の製品である**MVP**（Minimum Viable Product）を作って市場に投入し、その反応をモニタリングし、どんどん改良を加えることです。この時、最初のMVPは、想定顧客に対する提供価値をある程度

図42 リーン・スタートアップ

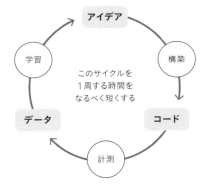

含みながらも、必ずしも高い完成度である必要はなく、極力少ない労力と時間で開発できるものが望ましいとされます。

また、提供価値を考える際には、**UVP**(Unique Value Proposition)を意識しておくことが重要とされます。UVPとは文字通り独自の提供価値のことですが、言い方を変えると、「自社ならではの差別化要素」であり、顧客にとって嬉しい「新しい何か」です。これは複雑なものではなく、シンプルかつ訴求力のあるものであることが望ましいとされます。

リーン・スタートアップの考え方が生まれてきた背景には、現代のような不確実性の高い時代においては、市場投入前の調査といったプロセスにあまり時間やコストをかけても、それで成功確率が大きく上がるわけではなく、むしろ市場ニーズやインフラが変化したり、競合の後塵を拝してしまうリス

クの方が高くなってしまうという事情があります。

　昔から、ウェブ関連のサービスでは、「**永遠のベータ版**」という言葉がありました。つまり完成品というものはなく、常に製品・サービスは顧客からのフィードバックによって進化を続けるという考え方です。リーン・スタートアップの考え方はこれを意識しています。

　ちなみに、昨今注目を浴びている「**デザイン思考**」でも**プロトタイピングが重視されており**、手を動かし、試作品に触れながらプロセスを進めることでスピードを速めることが基本となっています。

　近年では、特にIT分野の起業家がリーン・スタートアップしやすいような社会的インフラ（無料あるいは安価で使えるソフトウェアやプラットフォームなど）も整備されてきています。

　なお、リーン・スタートアップは合理的な考え方ではありますが、ウェブ関連サービスや、設備投資をあまり要しないサービス業などでは有効な半面、重厚長大型の製造業などでは応用しにくいなどの問題もあります。

　また、あまりに貧弱なベータ版を出してしまっては、そのことで企業やブランドの評判を損ねてしまい、後の事業展開に悪影響を及ぼす危険性もあります。したがって、事業特性や業界進化のスピード、必要な投資額やイノベーター顧客の許容度など、さまざまな要因を勘案する必要があります。

方向転換するために普段から備えよ

リーン・スタートアップと関連する用語に、「**ピボット**」があります。ピボットとは、元々方向転換を意味する言葉であり、新規事業開発において、仮説に誤りがあると分かったら、素早く方向転換を図ることを指します。

ピボットを行うためには、あらかじめ市場浸透度などのKPIを設定しておいて、製品の市場導入後にそれを客観的に測定することが大切です。もちろん、顧客の生の声を聞くことも重要です。その時に仮説と照らし合わせてみて、うまくいっていないと判断したら、思い切ったピボットに踏み切るのです。

とは言え、現実にピボットを行うのは容易ではありません。その障壁としては、事業担当者の強い思い入れやサンクコスト（すでに発生してしまったコスト）へのこだわりなどがあります。こうした要素が影響して、「もう少し時間がたてば良い結果が得られるのでは」という根拠のない希望にすがってしまうことも少なくありません。

リーン・スタートアップは本来、無駄なコストや時間を回避するための発想です。本来の意味でのリーン・スタートアップを実現するためには、メタレベル（一段高い視点）で自己を見つめるとともに、どの段階でピボットに踏み切るかなどの基準を事前に設けるといった施策が必要です。

Keyword _ 059

ハッカソン

圧倒的な結果を出したいなら、
タレントを集めて集中させよ

What is it ?
ハッカソンとは？

特定の目的やテーマ（多くはソフトウェアの開発）について、プログラマーやデザイナーなどが集まり、1日〜数週間にわたって集中的に作業を行う集まりのこと。ハックとマラソンをかけ合わせた造語で、20世紀の後半にサン・マイクロシステムズなどで生まれたとされる。

解説

　ハッカソンでは、最初に目的やテーマに関する説明がなされ、チームでそれの達成・解決に当たっていきます。時にはコンテスト的な要素を取り入れ、数チームが成果を競い合い、少なからぬ賞金が出ることもあります。

　ハッカソンの参加者は、場所やハードウェア、APIなどの作業環境を提供され、短い期間の中で寝る間も惜しんで集中

図43 主なハッカソンイベント

Yahoo! JAPAN Hack Day	ヤフージャパンの主催するイベント。2日間にわたり、ハッカソンに加え、ライブパフォーマンスや展示会も。
Global Game Jam（グローバルゲームジャム）	世界最大のゲーム開発ハッカソン。各地で同じ日に同じテーマでゲーム開発を行う。2018年は108カ国803会場で開催された。
JPHACKS（ジャパンハックス）	学生を対象にしたハックイベント。全国の複数会場で開催され、そこで選ばれたファイナリストが東京でピッチや展示会を行う。
Web × IoT メイカーズチャレンジ	IoTシステム開発のスキルアップのための講習会とハッカソンがセットになったイベント。総務省も主催に加わっている。

的に作業を行います。集中的にプロジェクトを進めた結果、短期間で一定レベルの成果が得られるというメリットがあり、さまざまな企業・団体の主催で開催されています（図43）。

　ハッカソンの成果の典型は、特定のテーマに関するソフトウェア（あるいはそのベータ版）などですが、場合によってはそれを発展させた事業企画などに広がることもあり、その企画に対してベンチャーキャピタルが投資を行うケースもあります。社内ハッカソンの場合は予算が付いて、そのまま事業化へと進むこともあります。

　こうした事例から分かるように、ハッカソンは単なるプロジェクト運営の方法論を超えて、ベンチャーの種を生み出す営みとなっています。それゆえ、むしろこちらを目的に、企業や団体がハッカソンを開くことも増えてきています。

Chapter

6

創造と変革

Keyword _ 060

クラウドファンディング

不特定多数の人間の出資が
新たなプロジェクトの礎となる

What is it ?
クラウドファンディングとは？

不特定多数の人間から出資を募り、ある目的を達成しようとする
取り組みのこと。ソーシャルファンディングとも言う。

⬇ 解説

クラウドファンディングは、何か目的がある個人や団体が、
インターネットでその趣旨を説明して資金を募り、それに賛
同する人々が資金を提供する資金調達法です。78ページで説
明したICOを現実のお金で行うこととも言えます。

資金の提供方法には、純粋な寄付型とリターンを求める
ケースの2種類があります。たとえば、ネット辞書の
Wikipediaなどは寄付型のクラウドファンディングで運用さ
れているプロジェクトです。また、アメリカの政治家の資金
集めも、政策に賛同する人々からの寄付の割合が高く、寄付

型クラウドファンディングの一形態と言えます。

　リターンを求めるクラウドファンディングには、金銭的な
リターンを求めるものの他に、相応の便益（サービスの利用
権など）を得られるタイプのものもあります。

出資のマッチングを行う「ソーシャルレンディング」

　クラウドファンディングと並んで注目を集めているのが、
「**ソーシャルレンディング**」です。これはお金を調達したい人
間と、お金を貸し出し（あるいは投資）したい人間をマッチン
グさせること、あるいはそのサービスを指します。

　ソーシャルレンディングは、レンディングとは名がついて
いますが、貸し出しだけではなく、エクイティ的に資金を提
供するケースもあります。その場合に出資者は、確定した利
息ではなく、プロジェクトの成果に応じた配当などを受け取
ることになります。こちらも、お金以外の便益が提供される
ことがあります。

　クラウドファンディングは資金調達側が独自で行うことが
多いのに対し、ソーシャルレンディングは仲介業者が入るこ
とが多い資金の提供形態です。たとえば、仲介業者が資金の
要請先の審査を行い、金利などを決定して、その条件でお金
を集めるといったことがなされます。

　資金調達の選択肢が広がる一方で、特に日本においては法
的な整備が遅れている、ICOと同様の問題点が多いといった
意見もあり、ルール整備が今後の課題とされています。

Keyword _ 061

フリー

「値段はタダ」でも
儲かる仕組みとは?

> **What is it ?**
> ## フリーとは?
>
> ユーザーがある製品・サービスを無料(フリー)で利用できるにも
> かかわらず、企業側は別の部分でキャッシュを得ることで継続され
> ている収益モデル。

⬇ 解説

　フリーの概念自体は、昔からある手法ではありましたが、
近年はITビジネスで特に多用される傾向があります。フリー
の種類としては、下記に示す「フリーミアム」「三者間市場」
「直接的内部相互補助」の3種類が典型的です。

Ⅰ. フリーミアム

　ベースとなる商品・サービスを無料で提供し、その中で、
何%かのユーザーが、有償のプレミアム商品・サービスを利
用することで収益を得るモデル(図44参照)。「Free」と

図44 フリーミアム

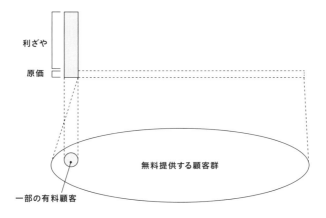

「Premium」を合わせた言葉で、書籍『フリー』の著者でもあり、『WIRED』誌の編集長、クリス・アンダーソン氏らによって紹介されました。

フリーミアムは、近年のウェブビジネスの中でも、非常に高い収益性をもたらすモデルとして注目を浴びています。フリーミアムの最もシンプルな形態は、無料のソフトウェアをまず多くのユーザーに利用してもらい、その中から、有償バージョンを購入してもいいというユーザーを見出すという方法です。

その典型は、グリーやDeNAが提供する無料ソーシャルゲームのアイテム課金です。それらのゲームは無料でも遊べはするものの、たとえば対戦型のゲームではすぐに負けてしまいます。そこでよりゲームに勝ちたいと考えるユーザーは、課金をしてアイテムを買うのです。他にはLINEの有料スタ

ンプなども分かりやすい例です。

　なお、フリーミアムは、必ずしもウェブやモバイル独自の
ビジネスモデルではありません。たとえば、通常の書店に置
いてある書籍も、「立ち読み」という無料利用者の中から、お
金を払って購入してもらう顧客を高い比率で獲得するフリー
ミアムモデルの一種と捉えることも可能です。

2．三者間市場

　サービスを利用するユーザーが直接費用を負担するのでは
なく、第三者が代わって費用を負担するモデルです。広告モ
デルや、集客代行モデルなどが該当します。

　最も有名で身近な三者間市場のビジネスモデルは、地上波
の民放テレビでしょう。地上波民放テレビは、有料のCS放
送やアメリカなどで多いPPV課金の番組とは異なり、視聴者
は無料で番組を視聴することができます。その費用を負担し、
テレビ局に収益をもたらしているのは、CMを提供するスポ
ンサー企業です。この時、ターゲットとなる顧客の視聴者数
の多い番組やその時間枠が、広告主に対して高い広告費を請
求できることになります。

　広告モデルは、ウェブの世界でも有効な課金モデルです。
初期の頃は、トラフィックが多いサイトほど広告価値が高く
なるというシンプルなモデルが多かったのですが、グーグル
のように検索の表示順位に価値をつけるなど、新しい広告モ
デルも登場しています（166ページ参照）。

　集客代行モデルは、よりダイレクトに企業と見込顧客との
接点を提供するモデルです。たとえば、無料の着物着付け教

室などは、そこに集まった受講生に対して、着物販売会社の
スタッフが直接営業する機会を提供します。そして、教室の
運営者は、その際の企業の売上げから一定のマージンを得る
という仕組みです。

３．直接的内部相互補助

　何かの商品やサービスを無料(あるいは極めて安価)にする
ことで、他の商品やサービスの購入を促すモデルです。多く
の無料体験や一部商品・サービスの無料化などが、これに該
当します。

　分かりやすい例として、たとえばプロスポーツにおける子
どもの入場無料サービスがあります。この場合、入場料は無
料であっても、飲食やスタジアムで販売するＴシャツなどの
グッズ販売から収入を得ることができるのです。なお、この
ケースは、スタジアム内にある企業広告を見る点を捉えれば、
三者間市場のビジネスモデルも兼ねているとも言えます。

　上記のスタジアムの例のように、「フリー」の３種類のモデ
ルは、単独ではなく、組み合わせて使われることも多くなっ
ています。たとえば、カカクコムが運営する食べログは、広
告モデルとフリーミアムを組み合わせた収益モデルを構築し
ています。

Keyword _ 062

シェアリングエコノミー

モノを所有するのではなく
共有していく社会とは？

What is it ?
シェアリングエコノミーとは？

モノやサービスを特定の個人・団体が独占的に保有・使用する
のではなく、多くの人々の間で共有（シェア）することで成り立つ
経済圏。近年、ITの活用による最適なマッチングが可能になった
ことから、利便性が向上し注目されている。

⬇ 解説

　シェア（共有）という活動自体は、昔から存在していた概念
です。たとえば、パソコンが普及する前は、大型計算機セン
ターのコンピューティングパワーを、多くの利用希望者が時
間を分けてシェアするといったことは一般的でした（タイム
シェアリングシステム）。

　それに対し、近年のシェアの特徴は、パソコンやスマート
フォンなどを用いて最適なマッチングが図られる点にありま

図45 シェアリングエコノミー

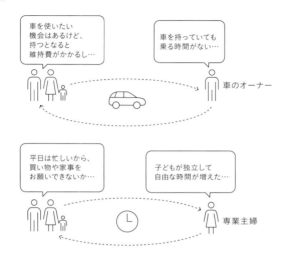

す。また、貸し出す側（元々の保有者）が、高額のモノを買えるだけの資金力のある企業や公的機関だけではなく、一般の個人に広がっている点も特徴的です。

その代表例は、ウーバーやリフトに代表されるライドシェアや、エアビーアンドビーに代表される民泊です。民泊を例にとれば、家の持ち主は、自分が使っていない間、自宅を貸し出すことができれば、保有資産を有効活用してお金を得られるというメリットがあります。借主にとっても、オンデマンドで通常のホテルより安くサービスを利用できることは魅力的です。このように、お互いの利害が一致する結果、シェアが活発に行われることになります。

その他にも、あるビジネスパーソンが仕事の空き時間を、

コンサルティングや社外取締役として他企業に貸すことを仲介するサービスなども生まれています。また、ベンチャーを立ち上げた起業家に向けて、オフィススペースを共同で貸し出すサービスなどもあります。

ITの普及がシェアの利便性を加速した

シェアの概念がこれだけ普及した背景には、下記のようにいくつかの要素があります。

・人々の「モノの保有」への欲求が弱まり、必要な時にサービスが利用できればいいという意識が広まった。
・社会の持続可能性（サステイナビリティ）を考えた時、稼働率の低いものを保有者のみが用いることは、環境などにとって優しくないという意識が広まった。
・自分の保有するノウハウや時間を、社会的に意義のある活動に用いることで自己実現を図りたいという人々が増えた。特に、引退したビジネスパーソンや、能力があっても労働時間が制約されているビジネスパーソン（育休中の女性など）において、そうした意識が高まった。
・テクノロジーの進化により、物理的な距離を乗り越えることが可能になった（例：オンライン英会話教室など）。
・ITの普及でマッチングそれ自体が容易になった。加えて、レビューやレイティングが可視化されることで、貸し手、借り手双方にとって、利用のリスクが下がった。

特に最後のポイントは、シェアリングエコノミーが発達す

る上で非常に重要です。なぜなら、特に貸し手が個人の場合、ITの力なしに、不特定多数の中から信用できる借り手を探すことは非常に難しいからです。

仲介業者であるウーバーやエアビーアンドビーが、短期間で企業価値数百億ドルの企業にまで成長した理由も、この最後のポイントにあります。彼らのビジネスが成り立つためには、多くのユーザーのニーズに応えられるだけの「サービス提供者」や「物件」の数があることが前提条件です。それがマッチングの可能性を増し、ユーザーの便益を上げることにつながるのですが、その時に必要なのが、マッチングのための良い仕組み（アプリなど）およびレイティングの仕組みなのです。

彼らは、レイティングについて独自の仕組みも導入しています。たとえばエアビーアンドビーであれば、貸し手と借り手が双方を評価します。したがって、高いレイティングがついていれば、貸し手も借り手も安心してそのサービスを利用できるわけです。

また、このレイティングの仕組みは、サービスの質そのものを上げる効果もあります。中国のライドシェアなどは、当初は愛想の悪い運転手も多くいましたが、レイティングが浸透するにつれ、劇的にサービスのレベルが向上しました。

メーカー側からは、新製品が売れなくなって困るという声もありますが、一方で、すでにシェアを前提とした製品・サービスの開発も進んでおり、今後より一層シェアの流れは加速することが見込まれています。

Chapter

6

創造と変革

Keyword _ 063

サブスクリプション

所有から利用へと変わる
定額課金モデル

What is it ?
サブスクリプションとは？

モノやサービスを買い切るのではなく、利用権を定額で買う（売り手にとっては与える）課金モデル。近年では、モノやIT関連製品がパッケージ化されたサービスについての定額利用を指すことが多い。

⊕ 解説

　サブスクリプションの浸透も、前項のシェアリングエコノミーの浸透理由と同様、モノやサービスは所有せずとも好きな時に利用できれば十分という消費者の意識変化を反映したものと言えます。また、デジタル商材の場合、追加の限界費用の小ささ（114ページ参照）も重要なポイントとなります。

　サブスクリプションは、ユーザー側にとっては、買い取るというリスクを冒すことなく、手軽にサービスを利用できる

図46 サブスクリプション

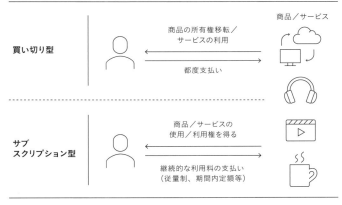

というメリットがあります。近年はいろいろなサービスがパッケージ化して提供されており、ユーザーは利用することによる便益をこれまでより手軽に得ることができます。

特に、ウェブ雑誌やコミックス等に見られる、一定額（通常は月単位）を支払えば、あらゆる本や雑誌を無制限に利用できるサービスは、ユーザー側にとってもお得感が高いため多用されています。この「○○放題」型のサービスはデジタル商材で先行しましたが、現在はモノの分野でも始まっています（例：定額を支払えば好きな乗用車を適宜利用できる）。

サービス提供側のサブスクリプションのメリットは、安定収益が手に入ることです。特にデジタル商材の場合、限界費用はほぼゼロのため、コスト高にはなりません。つまり、ユーザーの満足度を高めて数を増やし、損益分岐点をいったん超えれば、その後は非常に高い収益性が期待できるのです。

Chapter

7

Computer/Internet

コンピュータ／
インターネットの基本

本章では、コンピュータやネットワークの
基本的な用語を解説します。特に、「アル
ゴリズム」「テクノベート・シンキング」など、
ある意味で本書の核となる用語について
は、しっかりと理解してください。

Keyword _ 064

アルゴリズム

筋のいい計算手段かどうかが、
サービスの利便性に直結する

What is it ?
アルゴリズムとは？

コンピュータを用いて問題を解決するための数学的な計算手順、
段取りのこと。

⬇ 解説

　コンピュータを用いて課題を解くためには、どのような順
番でどのように計算を行えば効率良く課題が解けるかについ
て、まず人間が考える必要があります。ここでいう「効率良
く」とは、**ある課題について、それをできるだけ少ない計算
量で解決すること**を指します。

　計算量が多くなると、処理時間が長くなってしまいます。
0.1秒が0.15秒になる程度なら大した問題ではないかもし
れませんが、たとえばSNS上で過去の投稿を検索しようと
思った時、その検索に数十秒、ましてや数分もかかってしま

うようだと、そのSNSを利用したいと考える人は激減してしまうでしょう。フェイスブックをはじめとする有名なSNSではこうした計算が瞬時に行われますが、それはそうした企業が優秀な人材（コンピュータ・サイエンスを学んだ人材など）を大量に雇い、多額の資金を投資して優れたアルゴリズムを作っているからこそ実現できているのです。このように、良いアルゴリズムの条件として、計算量が少なくて済むというのは非常に大切なのです。

　もう少し具体的に考えてみましょう。たとえば、ある人の誕生日を当てる課題を解決するためのアルゴリズムを考えてみます。この時、コンピュータはYES／NOを問う質問しかできないものとします。つまり、「誕生日は何月何日ですか？」という質問はできないわけです。この設定は、コンピュータは1度に1つの情報しか見ることができないという実際のコンピュータの動作を仮想的に反映したものになります。

　ここで考えられる案として、「誕生日は1月1日ですか？」→（1月1日ではない場合）「1月2日ですか？」→「1月3日ですか？」と頭から順番に聞いていくやり方があります。しかし、この場合には誕生日を当てるまで、平均183回の質問＝計算が必要になります。これではあまり筋がいいとは言えません。
　一方、「誕生日は1〜6月ですか？　それとも7〜12月ですか？」→（1〜6月までの場合）「それは1〜3月ですか？それとも4〜6月ですか？」と、候補日の範囲を2分割してそのどちらに当たるかを聞いていくやり方が考えられます。こ

の場合、なんと最大でも9回の計算で、誕生日を当てることができます（実際に試してみてください）。ちなみに、こうなる理由は、誕生日の候補数の366が、2の9乗の数である512より小さい数だからです。

今回の誕生日のケースではたかだか366通りの解しか候補がないので「力づく」でも何とかなりますが、1兆通りもの答えがあるような場合には、悪いアルゴリズムでは計算量が莫大に増えてしまうため時間がかかってしまい、とても実用に耐えないプログラムとなってしまいます。

それに対し、1兆通りの答えがあっても、2分割していく方法では最大40回の計算で済みます。1兆という大きな数でも、たかだか2の40乗未満の数だからです。このように、**アルゴリズムの良し悪しは、問題が複雑になるにつれて、計算量に指数関数的な差をもたらしてしまうのです。**

通常、ITプロジェクトの発注者はこうしたアルゴリズムに無関心なことが多いですが、実は発注者サイドにもこうしたアルゴリズムについての理解があると、プロジェクトの効率は大きく向上すると言えます。

利便性を大きく改善したページランク

当然ですが、目的に適った結果を出すことも良いアルゴリズムの条件です。その代表が、グーグル創業者のラリー・ペイジ氏らが作った「**ページランク**」のアルゴリズムです。ページランクとは、ウェブページの重要度を評価するシステムの

図47 ページランクのアルゴリズムのイメージ

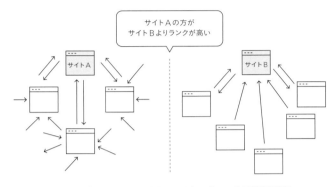

重要なウェブページにリンクされているウェブページは重要度が高い

ことで、その結果が検索結果に反映されて表示される仕組みになっています。

ページランクのアルゴリズムが画期的だったのは、「重要なウェブページは多くのウェブページからリンクされている」、そして「重要なウェブページにリンクされているウェブページは重要度が高い」という2つのシンプルな前提に基づいてアルゴリズムを構成した点です。

ページランクが登場する以前の検索のアルゴリズムは、必ずしも精度が良くありませんでした。たとえば、検索した単語がたくさん含まれているウェブページを検索結果の上位に出すというものもありましたが、これではユーザーの望むページがなかなか上位にきませんでした。ページランクは、こうした問題を有効に解決したのです。

Keyword _ 065

プログラミング

百聞は「一実行」にしかず――
プログラムを作れば、視野が広がる

What is it ?
プログラミングとは？

アルゴリズムに基づいて、コンピュータを動かす（計算させる）ための
プログラムを、プログラミング言語を用いて作成すること。

解説

　コンピュータが動く裏側では、専門の機械語というものが
使われています。しかし、これは数字の羅列であり、人間が
見ても何のことだかは分かりません。そこで実際には、人間
がコンピュータに指示を与えるために、人間にも分かりやす
いプログラミング言語というものを用いてプログラムを書い
ていきます。

　もちろん、通常の言語と同様、ここで書かれたプログラム
も、そのプログラミング言語を分からない素人には何のこと
だかさっぱりということがよくあります。しかし、代表的な
言語についてある程度の勉強をすれば、似たような文法の言

語も多いため、複数のプログラミング言語を操れるように
なっていきます。

近年よく用いられているプログラミング言語の種類には、
Python、Java、JavaScript、PHP、C#、C/C++、R、
Objective-C、Swiftなどがあります。

Pythonは非常に応用範囲が広く、かつ学びやすいという特
徴があり（通常の言語でいえば英語のようなものです）、非常
によく用いられています。Javaはオラクル社が主導している
言語で、企業向けの大型プログラムでよく用いられています。
JavaScriptはブラウザ関連のプログラムとして非常に有名な
ものです。その他のプログラム言語にもそれぞれ特徴があり、
目的に応じて使い分けられています。

手を動かせば見えてくるものがある

一般のビジネスパーソンが難しいプログラミング言語を覚
える必要性は低いとはいえ、これからのIT時代にプログラミ
ングやアルゴリズムがどういうものかを理解しておくことは
やはり重要でしょう。

たとえば、マサチューセッツ工科大学が開発した子ども向
けの無料ビジュアルプログラミング言語の**Scratch**などは、
それまで全くプログラミングに縁がなかった人でも、ある程
度のプログラムを作ることが可能です。このようなソフトで
一度プログラムを組んでみると、どのようなアルゴリズムが
良いものなのかといった感覚を抱くことができます。

Chapter

7

コンピュータ／インターネットの基本

221

Keyword _ 066

テクノベート・シンキング

これからの問題解決には、
テクノロジーの力が欠かせない

> **What is it ?**
> ## テクノベート・シンキングとは？
>
> グロービスが提唱する、コンピュータを活用した問題解決のための思考法。

解説

　コンピュータを活用して課題を解決する際には、人とコンピュータの好ましい分業の在り方や、コンピュータにどのようなデータやアルゴリズム、プログラムを与えれば問題解決が段取り良く進むかを正しく考えることが大切です。

　一般に、テクノベート・シンキングは、まずは解決すべき問題を定義することからスタートします（問題の定義）。その上で、次はデータを用意します。この時、「どのようなデータをどのように与えるのが適切か」については、基本的に人間の側で判断していきます（データの構造化）。

図48 テクノベート・シンキングの４つのステップ

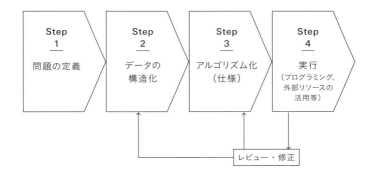

　さらにその上でアルゴリズムを考えて（アルゴリズム化、仕様）、最後にプログラミングへと落とし込みます（実行、実装）。これがテクノベート・シンキングの一連の流れです。

　テクノベート・シンキングを効果的に行うためには、まず**はコンピュータが作動する基本的な仕組みやデータの種類などについて知っておくこと**が必要です。それによってコンピュータの得意なこと、苦手なことが分かり、人間との最適な分業もイメージしやすくなるからです。その上で、アルゴリズムやプログラミングの基本などを学んでいくと、コンピュータを用いた効果的な課題設定や問題解決の段取り、勘どころが自然と見えてきます。

　最も良くないのは、コンピュータに関することを人任せにすることです。テクノベート・シンキングの視点を身につけ仕事の生産性を高めることは、これからの必須スキルです。

Keyword _ 067

分散処理

コンピュータも共働することで
多くのことができる

What is it?
分散処理とは？

1つのタスクを複数に分割し、それぞれを同時並行して処理すること。近年では複数のコンピュータやサーバーを活用することが多い。

⬇ 解説

　分散処理は、元々、1つのコンピュータに多数のプロセッサーを搭載して行う方法もありました。しかし近年では、情報量が膨大になる一方で、コンピュータが安価になったこともあり、ある程度複雑な仕事は複数のコンピュータやサーバーを用いて、分散処理でなされるケースが増えています。

　いわゆるクライアントサーバーシステムも、個々のユーザーはクライアント側のパソコンを利用し、サーバー側に共用データベースなどを持つという意味で、分散処理の一種と

図49 分散処理システム

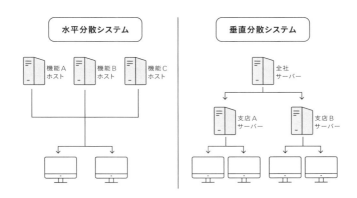

も言えます。なお、クライアントサーバーシステムのような、役割に階層を持たせた分散処理を垂直分散システムと言います。それに対して、複数のコンピュータに似たような役割を与える方法を水平分散システムと言います。

複数のコンピュータやサーバーを用いる分散処理のメリットとしては、多数の計算資源を有効活用できること、また1台のコンピュータが機能しなくなっても作業が中断することがないのでリスク分散につながる点などがあります。また、目的に応じてリソースを柔軟に追加したり振り替えたりすることができるという点もメリットです。

一方で、特に不特定多数のコンピュータを利用する場合、セキュリティの問題が起きやすい、ネットワークに負荷がかかる、システムの組み方によっては管理が難しくなるなどのデメリットも生じることがあります。

Keyword _ 068

アジャイル

急がば回れ
── 作業は分割してきめ細かに

What is it ?
アジャイルとは？

ソフトやアプリの開発において、大きくまとまった単位でプロジェクトを刻むのではなく、より小さな単位で実装とテストを繰り返して開発を進める方法。それに対して、既存の大きく刻むやり方をウォーターフォールと言う。元々の英語は「俊敏、機敏」の意味。

解説

　アジャイルが生まれたのは21世紀前半と言われますが、それまでのプロジェクト進行は「**ウォーターフォール型**」が一般的でした。これは図50に示したように、最初に全体の機能設計などを細かに決定した上で、それをある程度まとまった単位に分割してプロジェクトを進める方法です。

　あらかじめ機能を決定し、それを工程に反映しているので一見確実性の高い方法に思えますが、不具合が発見され、「手

図50 ウォーターフォールとアジャイルのイメージ

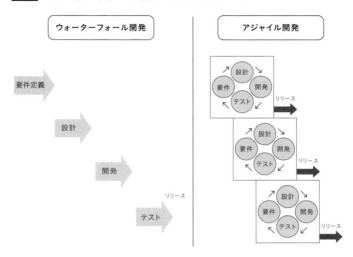

戻り」が発生した際には、時間のロスが大きいという問題が指摘されていました。

　それに対してアジャイルは、計画時にはあまり精緻な作り込みはしません。実際には当初の計画通りにプロジェクトが進むことは少なく、何かしらの修正は必ず入るからです。そこで修正が入ることを前提に、計画はある程度大雑把なレベルにとどめ、より小さな単位でスピーディに修正を重ねていくというのがアジャイルの狙いです。

　その結果として、最初に詳細な計画を立ててしまうよりも、スピーディかつ効果的なシステムができることが多くなりました。通常のPDCAのサイクルにたとえるなら、PDCAの

サイクルを短くするとともに、Pを柔軟に変えていく方法と言えるでしょう。また、それぞれの単位におけるテストの中で、顧客の声を取り入れることもやりやすくなりました。

このような特徴から、アジャイル開発は、アプリの開発や、ウェブの開発といった、顧客や発注者の要求が変わりやすいプロジェクトには特にフィット感が高いとされます。

アジャイルのさらなる進化と課題点

アジャイルの中でも有名な手法に「スクラム」があります。スクラムとは、アジャイルの進化系とも言える手法で、その特徴をまとめると、以下のようになります。

・個人のパフォーマンスではなく、チームのパフォーマンスに意識を向ける。チームは最大で9人まで（それ以上は非効率になる）。主体的に考え、何か問題があったらどんどん皆で前倒しにつぶし、仕事を進める。後工程に問題を積み残さない。
・プロダクトバックログを作り、優先順位をつけ、無駄を避ける。
・「スプリント」という時間の枠を設定する。スプリントを設定した上で、日々のミーティングはアメフトのハドル（フィールド上での作戦会議）のように行い、「チームがスプリントを終了するために、昨日何をしたか」「チームがスプリントを終了するために、今日何をするか」「チームの妨げになっていることは何か」を共有し、速やかにアクションをとる。

・目的を明らかにし、「流れ」が分かるようなストーリーを準備し、人々のイメージに訴求する。
・メンバーの幸福感を適宜測定する。あらゆることを可視化して秘密を減らすとともに、従業員の幸福を尊ぶ組織文化を作る。
・PDCA と OODA を回す。最も速い変化についていくために、PDCA はもちろん、O（Observe：観察）、O（Orient：情勢判断）、D（Decide：意思決定）、A（Action：行動）のプロセスを常に改善しながら回していく。
（ジェフ・サザーランド著『スクラム　仕事が４倍速くなる"世界標準"のチーム戦術』より抜粋）

このスクラムのようにさらなる進化系も生まれているアジャイルですが、一方でその弱点、リスクも指摘されています。その典型は、最初の計画が緩いがために、でき上がったものが当初意図していたものから乖離してしまう可能性が高いということです。人間は細部に意識を向けると、往々にして視座が低くなり、部分最適に走ってしまう結果とも言えるでしょう。必然的に、大型のプロジェクトになるほど、アジャイルで進めることのリスクは高まります。

これを避けるためには、常に高次の視点からプロジェクトを見る「メタ」な視点が必要になります。また、「元々どのような課題を解決したかったのか」というそもそも論に都度立ち返ることも必要です。

Keyword _ 069

5G

次世代の通信環境を前提に
ビジネスを描け

What is it ?
5Gとは？

第5世代移動通信システム。2019年現在用いられている4Gの
次世代システムで、2020年より導入予定。

⊕ 解説

2015年から2020年にかけて、1年にやり取りされる
データ量は7倍から10倍、あるいはそれ以上になると言わ
れています。この増え続けるデータ量の増加を支えるシステ
ムとして導入が予定されているのが、この5Gです。

5Gの特徴としては、「高速度・大容量」「高いリアルタイ
ム性」「多くの端末への同時接続」「消費電力の低減」「信頼性
の向上」「高速で移動している際にも通信が切れにくい」など
があります。また、これまで使われていた低周波帯ではなく、
39GHzなどの高周波数を利用することも予定されています。

図51 5G

5G	**超高速** 現在の移動通信システムより100倍速いブロードバンドサービスを提供
	超低遅延 利用者が遅延（タイムラグ）を意識することなく、リアルタイムに遠隔地のロボット等を操作・制御
	多数同時接続 スマホ、PCをはじめ、身の回りのあらゆる機器がネットに接続

出典：総務省『平成30年版　情報通信白書』図表3-3-4-2の一部を加工して掲載

　5Gの導入が急がれている背景には、IoT（24ページ参照）の発達・加速があります。急増するさまざまなセンサーからの情報を、5Gの導入によってリアルタイムに正確かつ低コストで伝えられるようになると期待されています。ただし、そのための投資額も大きく、日本の3大通信キャリアによる投資だけで数兆円に達するとみられています。

　日本以外の各国も独自に5Gの開発を進めており、特に力を入れているのは中国です。IoTを活用した「**中国製造2025**」（メイド・イン・チャイナ2025。中国の生産の品質や効率を一気に高めようとする動き）のためのインフラを構築するのがその目的で、中国のファーウェイは5Gのための基地局などの分野で進んでいると言われていますが、安全保障上の問題から、中国以外の国ではファーウェイの製品を回避する動きも見られます。

Keyword _ 070

P 2 P

自律分散型のデータ通信が
未来の社会構造の基となる

What is it ?
P2Pとは？

Peer to Peerの略。クライアントサーバー方式ではなく、クライアント同士がつながってデータなどをやり取りする、自律分散型のシステム。

⟱ 解説

インターネットにおいてはIPアドレスさえ分かれば、何かしらの方法で相手にアクセスできるという特性があります。これを利用しているのがP2Pで、従来のようにデータを提供するサーバー側とデータを要求するクライアント側という縛りに捉われず、それぞれのクライアントが直接つながってデータの提供およびアクセスを行なっています。

P2Pを利用した製品・サービスは少なくありません。たとえばLINE通話やSkypeなどは典型的なP2Pですし、一部の

ストリーミングサービスも P2P で行われています。近年話題の暗号通貨（仮想通貨）も P2P 技術に支えられています。

　クライアントサーバー方式と異なる P2P の典型的なメリットとしては、特定のサーバーに負荷がかかりにくい点があります。端末数が激増する昨今、この点は非常に重要です。また、仮に 1 つのサーバーにトラブルが起きても、それだけでシステムが止まらないというメリットもあります。
　一方でデメリットとしては、動作を安定させるのが難しいなど、実用的な技術開発が難しいことに加え、匿名性の高さによるセキュリティ問題や、悪意のある人間が存在した場合のトラブル処理の難しさなどがあります。また、P2P で大容量のデータ交換などを行うと、インターネットのシステム全体に負荷がかかり、一般ユーザーの通信速度に影響が出るといった指摘もあります。

　かつては音楽ファイルや動画ファイルの違法交換などで問題視されることが多かった P2P ですが（今でもファイル交換ソフトを用いて違法にアップロードやダウンロードを行うと摘発されることがあります）、昨今はさまざまなイノベーションによって、正式な製品・サービスが多数生まれています。
　また、P2P の発想を拡大したサービスも生まれています。たとえばソーシャルレンディング（203 ページ参照）と呼ばれる個人間の融資は、個人の信用度のデータなどに基づきながら、お金を貸したい人と借りたい人のマッチングを低コストで行っており、自律分散型システムによるお金の流れの最適化を実現しようとしています。

Chapter

7

コンピュータ／インターネットの基本

References

参考文献

全般
- グロービス経営大学院著『ビジネススクールで教えている　武器としてのITスキル』東洋経済新報社、2018年
- グロービス著『グロービスMBAキーワード　図解 基本ビジネスフレームワーク50』ダイヤモンド社、2015年
- グロービス著『グロービスMBAキーワード　図解 ビジネスの基礎知識50』ダイヤモンド社、2016年
- グロービス著『グロービスMBAキーワード　図解 基本ビジネス分析ツール50』ダイヤモンド社、2016年
- グロービス著『MBA 生産性をあげる100の基本』東洋経済新報社、2017年
- グロービス著『MBA 問題解決100の基本』東洋経済新報社、2018年

Chapter
1
- グロービス著『定量分析の教科書』東洋経済新報社、2016年
- セス・スティーヴンズ゠ダヴィドウィッツ著『誰もが嘘をついている ビッグデータ分析が暴く人間のヤバい本性』光文社、2018年
- 日経ビッグデータ編『グーグルに学ぶディープラーニング』日経BP社、2017年
- マイケル・ルイス著『マネー・ボール』早川書房、2013年
- TechCrunch「日本初『AIスコア』でついにAIが人の信用力や可能性を評価する時代がやってきた」

Chapter
2

- レイ・カーツワイル著、NHK出版編『シンギュラリティは近い [エッセンス版] 人類が生命を超越するとき』NHK出版、2016 年
- 安部慶喜、金弘潤一郎著『RPAの威力　ロボットと共に生きる働き方改革』日経BP社、2017 年
- Beyond「アマゾン『Amazon Robotics』物流配送センターのロボットがスゴい5つの理由」2018 年 6 月 12 日
- 野口悠紀雄著『ブロックチェーン革命 分散自律型社会の出現』日本経済新聞出版社、2017 年
- 経済産業省「平成 27 年度　我が国経済社会の情報化・サービス化に係る基盤整備（ブロックチェーン技術を利用したサービスに関する国内外動向調査）」2016 年 4 月 28 日
- 小田玄紀著『1 時間でわかるビットコイン投資入門　～誰でもできる超シンプル投資法～』good.book、2017 年
- 小田玄紀著、後藤田隼人編『1 時間でわかるイーサリアム入門　～ビットコインに次ぐ仮想通貨をゼロから学ぶ～』good.book、2017 年
- みやもとくにお、大久保隆夫著『イラスト図解式 この一冊で全部わかるセキュリティの基本』SB クリエイティブ、2017 年
- クリス・アンダーソン著『MAKERS 21 世紀の産業革命が始まる』NHK出版、2012 年
- 竹内繁樹著『量子コンピュータ　超並列計算のからくり』講談社、2005 年
- 尾木蔵人著『決定版 インダストリー 4.0——第 4 次産業革命の全貌』東洋経済新報社、2015 年
- 経済産業省「次世代エネルギー・社会システム実証事業 ～総括と今後について～」2016 年 6 月 7 日
- 経済産業省「新しいモビリティサービスの普及拡大と経済の活性化に向けて」2019 年 2 月 15 日

Chapter 3

- グロービス経営大学院編著『新版 グロービスMBA経営戦略』ダイヤモンド社、2017年
- ジェレミー・リフキン著『限界費用ゼロ社会〈モノのインターネット〉と共有型経済の台頭』NHK出版、2015年
- アレックス・モザド、ニコラス・L・ジョンソン著『プラットフォーム革命――経済を支配するビジネスモデルはどう機能し、どう作られるのか』英治出版、2018年
- クリス・アンダーソン著『ロングテール――「売れない商品」を宝の山に変える新戦略』早川書房、2014年

Chapter 4

- グロービス経営大学院編著『改訂4版 グロービスMBAマーケティング』ダイヤモンド社、2019年
- 加藤希尊著『はじめてのカスタマージャーニーマップワークショップ「顧客視点」で考えるビジネスの課題と可能性』翔泳社、2018年
- 坂東大輔著『UX(ユーザー・エクスペリエンス)虎の巻 ――ユーザー満足度を向上する設計開発テクニック――』日刊工業新聞社、2017年
- 栄前田勝太郎、河西紀明、西田陽子著『UIデザイン みんなで考え、カイゼンする。』エムディエヌコーポレーション、2019年
- ferret「営業の仕事を人工知能がサポート!AI機能を搭載したSFAサービス6選」2017年10月20日
- 金山裕樹、梶谷健人著『いちばんやさしいグロースハックの教本 人気講師が教える急成長マーケティング戦略』インプレス、2016年
- カタパルトスープレックス「Dropboxを成長に導いたショーン・エリスのグロースハック」2018年6月11日
- HEAPS「Airbnbの"もう一歩先"の工夫。『キレイな部屋写真』だけで終わらなかった彼らのフォト・ディレクション」2017年2月9日

Chapter 5	・トーマス・H・ダベンポート、ジュリア・カービー著『AI時代の勝者と敗者』日経BP社、2016年
	・フレデリック・ラルー著『ティール組織──マネジメントの常識を覆す次世代型組織の出現』英治出版、2018年

Chapter 6	・ヘンリー・チェスブロウ、ウィム・ヴァンハバーベク、ジョエル・ウェスト著『オープンイノベーション 組織を越えたネットワークが成長を加速する』英治出版、2008年
	・グロービス経営大学院編著『グロービスMBAマネジメント・ブックⅡ』ダイヤモンド社、2015年
	・エリック・リース著『リーン・スタートアップ』日経BP社、2012年
	・佐宗邦威著『直感と論理をつなぐ思考法 VISION DRIVEN』ダイヤモンド社、2019年
	・侍エンジニア塾ブログ「【初心者必見】ハッカソンとは？概要や3つのメリットを徹底解説！」2016年6月24日
	・クリス・アンダーソン著『フリー ＜無料＞からお金を生みだす新戦略』NHK出版、2009年
	・アルン・スンドララジャン著『シェアリングエコノミー』日経BP社、2016年
	・ティエン・ツォ、ゲイブ・ワイザート著『サブスクリプション──「顧客の成功」が収益を生む新時代のビジネスモデル』ダイヤモンド社、2018年

Chapter 7	・エンジニアの入り口「初心者必見！おすすめプログラミング言語10選の特徴と難易度」2018年11月2日
	・ジェフ・サザーランド著『スクラム 仕事が4倍速くなる"世界標準"のチーム戦術』早川書房、2015年
	・総務省「平成30年版 情報通信白書 ICT白書 人口減少時代のICTによる持続的成長」

〈著者紹介〉
グロービス

1992年の設立来、「経営に関する『ヒト』『カネ』『チエ』の生態系を創り、社会の創造と変革を行う」ことをビジョンに掲げ、各種事業を展開している。

グロービスには以下の事業がある。(https://www.globis.co.jp)
- ●グロービス経営大学院
  - ・日本語（東京、大阪、名古屋、仙台、福岡、オンライン）
  - ・英語（東京、オンライン）
- ●グロービス・マネジメント・スクール
- ●グロービス・コーポレート・エデュケーション
  （法人向け人材育成サービス／日本・上海・シンガポール・タイ）
- ●グロービス・キャピタル・パートナーズ（ベンチャーキャピタル事業）
- ●グロービス出版（出版／電子出版事業）
- ●GLOBIS知見録／ GLOBIS Insights（オウンドメディア、スマホアプリ）

【その他の事業】
- ●一般社団法人G1（カンファレンス運営）
- ●一般財団法人KIBOW（震災復興支援活動、社会的インパクト投資）
- ●株式会社茨城ロボッツ・スポーツエンターテインメント（プロバスケットボールチーム運営）

〈執筆者紹介〉

嶋田 毅（しまだ・つよし）

グロービス出版局長、グロービス電子出版編集長兼発行人、『GLOBIS知見録』編集顧問、グロービス経営大学院教授。

東京大学理学部卒業、同大学院理学系研究科修士課程修了。戦略系コンサルティングファーム、外資系メーカーを経てグロービスに入社。著書に『正しい意思決定のための「分析」の基礎技術』『ビジネスで騙されないための論理思考』『競争優位としての経営理念』『［実況］ロジカルシンキング教室』『［実況］アカウンティング教室』（以上、PHP研究所）、『MBA 問題解決100の基本』『MBA 生産性をあげる100の基本』『MBA 100の基本』『利益思考』（以上、東洋経済新報社）、『グロービスMBAキーワード 図解 基本ビジネス思考法45』『グロービスMBAキーワード 図解 基本ビジネス分析ツール50』『グロービスMBAキーワード 図解 ビジネスの基礎知識50』『グロービスMBAキーワード 図解 基本フレームワーク50』『グロービスMBAビジネス・ライティング』『ビジネス仮説力の磨き方』（以上、ダイヤモンド社）、『ロジカルシンキングの落とし穴』『バイアス』『ＫＳＦとは』（以上、グロービス電子出版）。その他にも多数の共著書、共訳書がある。

〈執筆協力〉

大島 一樹（おおしま・かずき）

グロービス出版局マネジャー。

テクノベートMBA 基本キーワード70

2019年6月11日　第1版第1刷発行

　　著　　者　　グ　ロ　ー　ビ　ス
　　発　行　者　　後　　藤　　淳　　一
　　発　行　所　　株式会社PHP研究所

東京本部　〒135-8137　江東区豊洲5-6-52
　　　　第二制作部ビジネス課　☎03-3520-9619（編集）
　　　　　　普及部　☎03-3520-9630（販売）
京都本部　〒601-8411　京都市南区西九条北ノ内町11

PHP INTERFACE　https://www.php.co.jp/

　　組　　版　　朝日メディアインターナショナル株式会社
　　印　刷　所　　凸　版　印　刷　株　式　会　社
　　製　本　所　　株　式　会　社　大　進　堂

©グロービス 2019 Printed in Japan　　ISBN978-4-569-84299-8
※本書の無断複製（コピー・スキャン・デジタル化等）は著作権法で認められた場合を除き、禁じられています。また、本書を代行業者等に依頼してスキャンやデジタル化することは、いかなる場合でも認められておりません。
※落丁・乱丁本の場合は弊社制作管理部（☎03-3520-9626）へご連絡下さい。送料弊社負担にてお取り替えいたします。